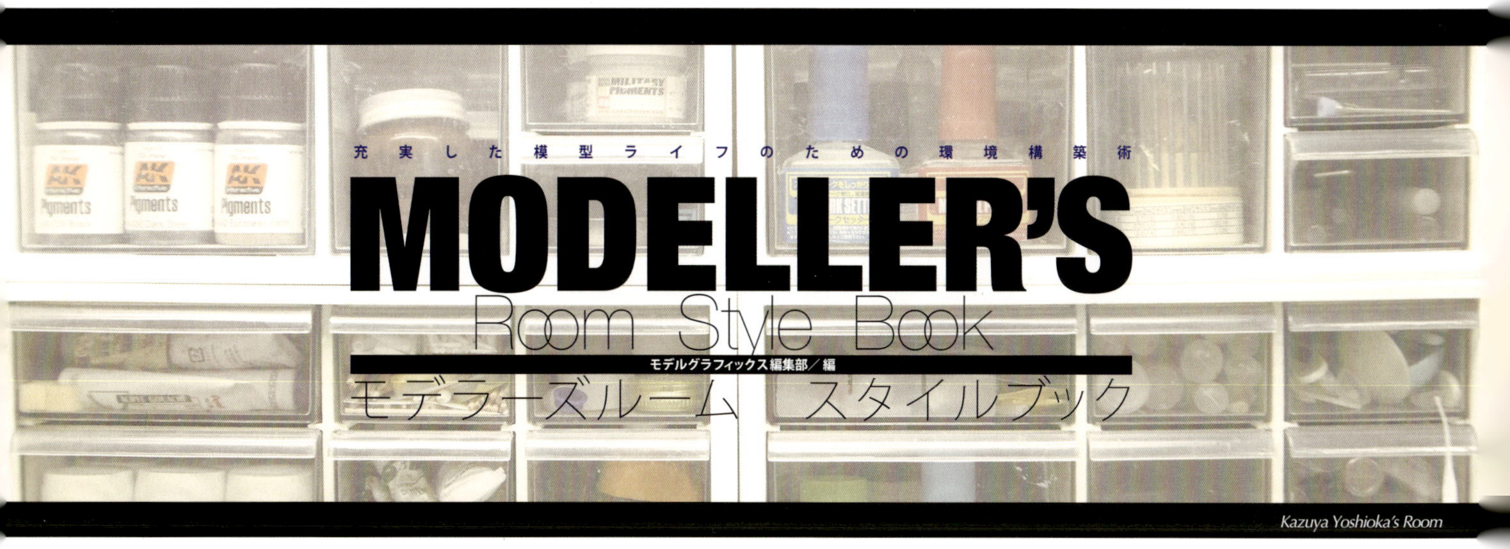

充 実 し た 模 型 ラ イ フ の た め の 環 境 構 築 術

MODELLER'S
Room Style Book

モデルグラフィックス編集部／編

モデラーズルーム　スタイルブック

Kazuya Yoshioka's Room

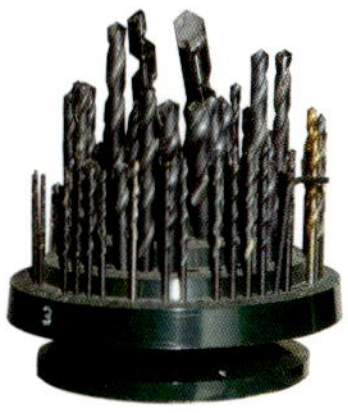

Kazuya Yoshioka , Genzou Ihara , WildRiver Naoto Arakawa , Kishi Ohmori , Yuuji Tanno ,Hideaki Hirata , NAOKI ,
Hide Iwai , Naoyuki Uehara , Keita Yagyu , Ichiro Yoshida , Shinpei Nohara ,Yuuki Takaku ,
Genpachi Toukaimura , DorobouHige , Hiromichi Arisawa ,Yasuhiro Takeshita , YAS , Kouji Takahashi ,
Masahiro Fukui ,Hata ,Toshiya Oda , Yuusuke Kato , HIromi Ichino , Kei Shimizu

大日本絵画

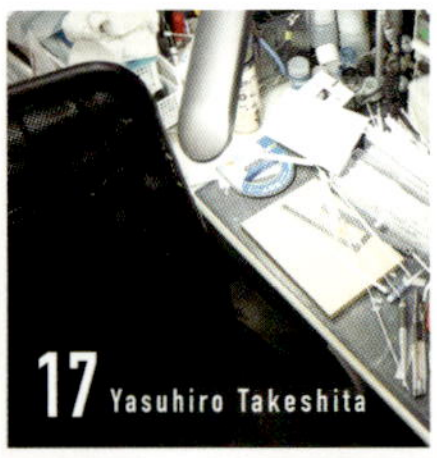

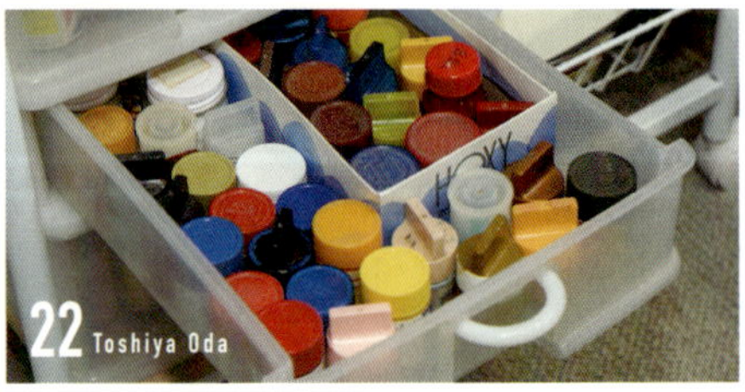

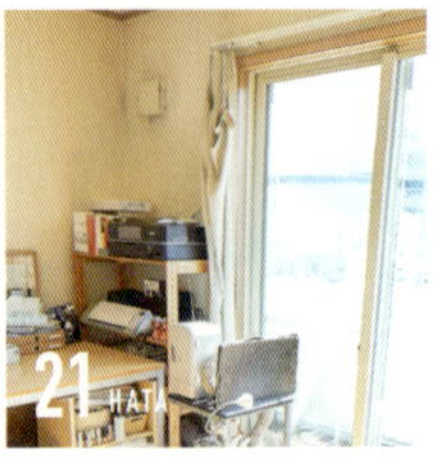

充実した模型ライフのための環境構築術

MODELLER'S Room Style Book

モデルグラフィックス編集部／編

モデラーズルーム　スタイルブック

はじめに…… 004
01 吉岡和哉 008
02 伊原源造 012
03 WildRiver 荒川直人 016
04 大森記詩 020
05 丹野雄士 024
06 平田英明 028
07 NAOKI 032
08 岩井秀 036
09 上原直之 040
10 柳生圭太 044
世界の模型部屋から…… 048
11 吉田伊知郎 050
12 野原慎平 054
13 髙久裕輝 058
14 東海村原八 062
15 どろぼうひげ 066
リフォームのプロに聞く模型部屋作りのコツ 070
16 有澤浩道 072
17 竹下やすひろ 076
18 YAS 080
19 高橋浩二 084
お前たちの換気扇選びは間違っている!? 088
20 福井政弘 090
21 ハタ 094
22 小田俊也 098
明かりをつけましょ模型卓に 101
23 加藤優介 102
24 清水圭 106
25 市野裕己 110
使える模型家具カタログ 113

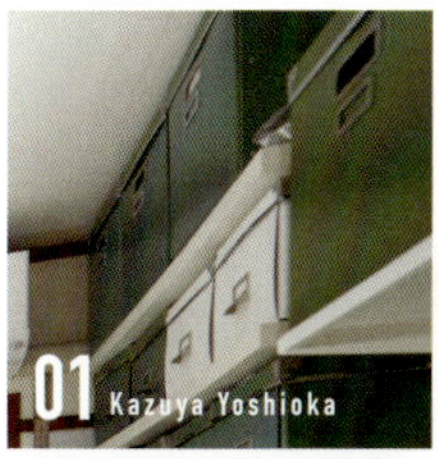

01 Kazuya Yoshioka

02 Genzo Ihara

03 WildRiver Naoto Arakawa

"ELEGANT" STYLE

04 Kishi Omori

08 Hide Iwai

05 Yuji Tanno

07 NAOKI

"PROFESSIONAL" STYLE

11 Ichiro Yoshida

World Modeller's Room

10 Keita Yagyuu

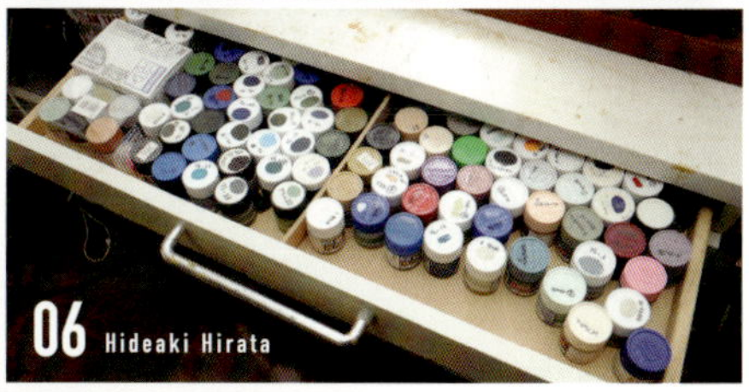

06 Hideaki Hirata

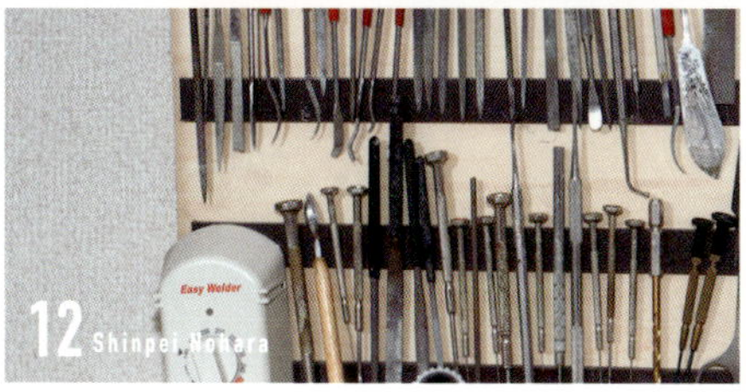

12 Shinpei Nohara

09 Naoyuki Uehara

充実した模型ライフのための環境構築術

MODELLER'S Room Style Book

モデルグラフィックス編集部／編

モデラーズルーム　スタイルブック

そろそろ、模型部屋を作りませんか?

はじめに……

大人の趣味として模型 / プラモデルが定着してきた昨今。新作キットや製作テクニック、新規マテリアルなどだけでなく、その製作環境にも皆さんの興味の対象が広がってきています。「どうやったら効率よく作業できるだろうか」「同居している家族にどうやったら理解してもらえるだろうか」「子供が生まれたけれど、どんな環境なら模型を続けられるだろうか」。「模型部屋」は趣味として成熟してきたからこそ考えざるを得ないテーマといえます。

またそれとは別に、大好きな趣味を存分に楽しむ大人の空間として、居心地のよい自分だけのスペースを作りたいという気持ちもあるでしょう。たとえ週末の2時間しか模型をいじることができなくても、自分の好きな物だけで囲まれたスペースで過ごす時間は、その人にとって至極の時間です。そのスペースをどんなスタイルで彩るのか、考えるだけでもワクワクすることでしょう。

本書では『月刊モデルグラフィックス』誌を中心に活躍するモデラー25人にその方の模型部屋を取材させていただき、その人たちの作風ならぬ“模型部屋スタイル”を見せていただきました。そのほとんどが、読者の皆さんの共感を呼ぶとともに、「この部屋いいなぁ」というロールモデルになりえる方達だと考えます。大いに参考にしてみてください。

(モデルグラフィックス編集部)

充　実　し　た　模　型　ラ　イ　フ　の　た　め　の　環　境　構　築　術

MODELLER'S
Room Style Book

モデルグラフィックス編集部／編

モデラーズルーム　スタイルブック

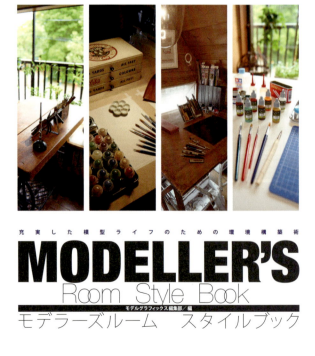

MODELLER'S ROOM

"ELEGANT" STYLE

KAZUYA YOSHIOKA
GENZO IHARA
WildRiver NAOTO ARAKAWA
KISHI OHMORI
YUJI TANNO

モデラー／造形家に限らず、こだわりをもって専門のアトリエを構えている人たち。エレガントにまとめられたその工房は、すでにその人の製作に対する姿勢／考え方が形となったといえる

■8畳ほどの洋室を本業のデザイン仕事の作業部屋と兼用している。家具類はすべて同時にコーディネートしIKEAなどで購入した。■家具は白で統一しているが、これは部屋を明るくするため。とくに作業机にはキッチンの手元用照明とLEDライトを取付けることによって明かりに関するストレスはなし。床にも白いフローリングシートを貼っているが、これは明るくするだけではなく、落としたパーツを見つけやすくするため。■テーブルトップの両端に穴を開けて支柱を通し、デッドスペースになりがちの机の上に収納棚を配置。■シェルフユニットにはフタ付きの収納ボックスをとりいれ、模型用の素材やジャンクパーツ、デザインの仕事で使用する資料や書類関係を見せずに収納している。作りかけの作品を仮置きする箱でもある。■模型製作に途中写真は必須なので、作業机の隣りに撮影ブースを設置、ブースの下は塗料関係の収納になっている。

01 MODELLER'S ROOM

吉岡和哉［Elegant Style］

KAZUYA YOSHIOKA

細密な作品を作り出すプロモデラーの作業部屋は、徹底した分類と整頓、効率化が図られていた。

飛び抜けた構成力、ストーリーテリングの秀逸さ、そして圧倒的な技術力と表現力に裏打ちされた作品を発表する日本を代表するAFV／ダイオラマモデラーである吉岡和哉さん。自宅の一室に設けられた彼のアトリエのコンセプトは「大量の物を如何に隠して収納するか」

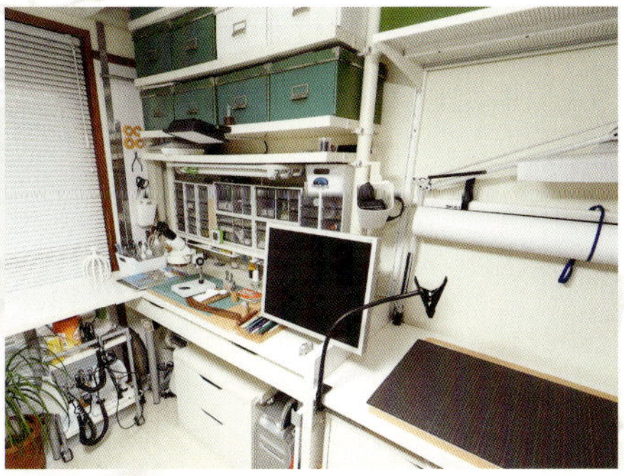

「どこに何があるか、把握できる整頓は必須」
「作業に集中できる環境作りがキモです」

●スジボリ堂の「パーフェクトバイス」は1/35フィギュア製作に最適

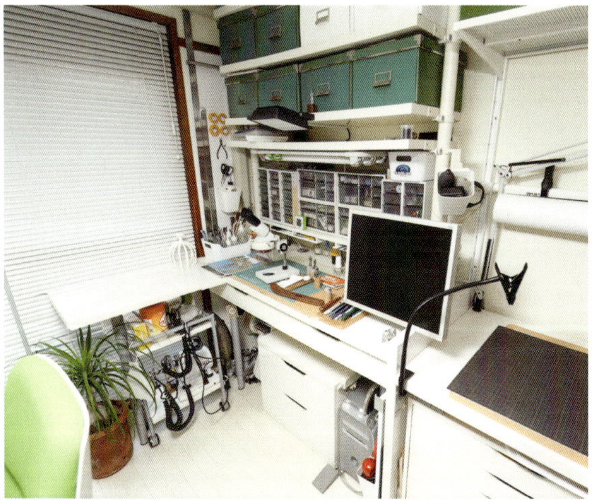

●こだわったのが、机の高さ。通常の事務机が70㎝なのに対し80㎝強の高さまで上げている。これは背中をまるめずに卓上で作業をするための最適化で、時にはサイドテーブルに肘を乗せることで手首の動きを固定し、より細密な作業を可能にするため。これは本文にもあるとおり時計職人の作業机を参考にした結果。椅子を下げるだけではムリな姿勢を長時間強いられることになり、これまた効率よく作業できない

吉岡和哉 / よしおかかずや

1968年生まれ。兵庫県出身。デザイナー／モデラー。1999年キヤホビー戦車模型コンテストにてグランドマスターを獲得し、AFVモデラー界に颯爽とデビューしたあとはその徹底した作り込み／描き込む作風にて模型雑誌で活躍。名実ともに日本AFV界を牽引する第一人者である。現在はフリーのデザイナーとして活躍する傍ら、地元の模型教室などでそのテクニックを教えるなど後進の指導に力をいれている。

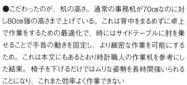

吉岡和哉 [Elegant Style]

KAZUYA YOSHIOKA

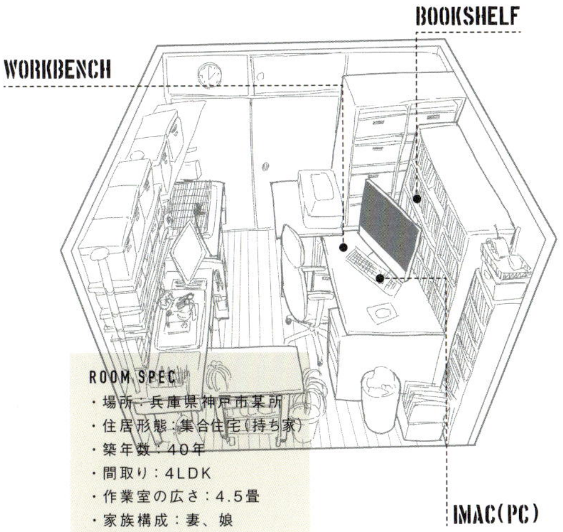

ROOM SPEC
- 場所：兵庫県神戸市某所
- 住居形態：集合住宅(持ち家)
- 築年数：40年
- 間取り：4LDK
- 作業室の広さ：4.5畳
- 家族構成：妻、娘

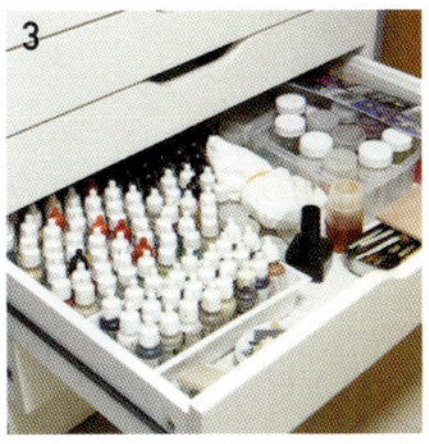

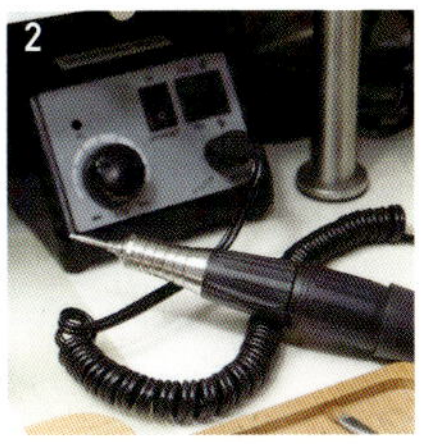

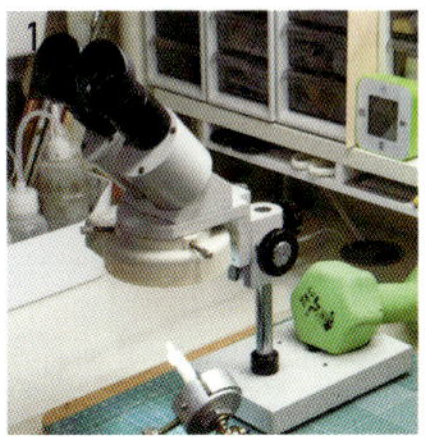

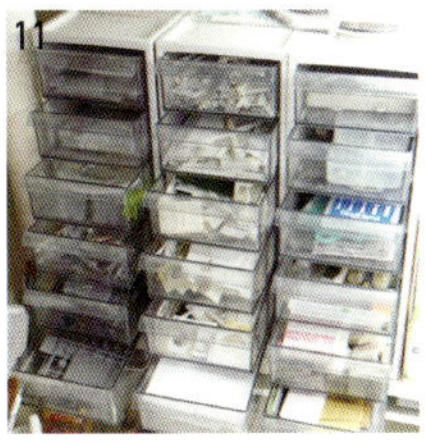

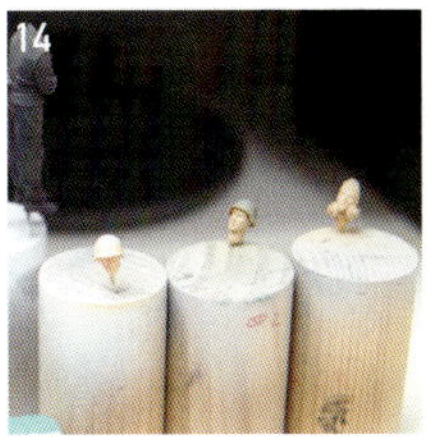

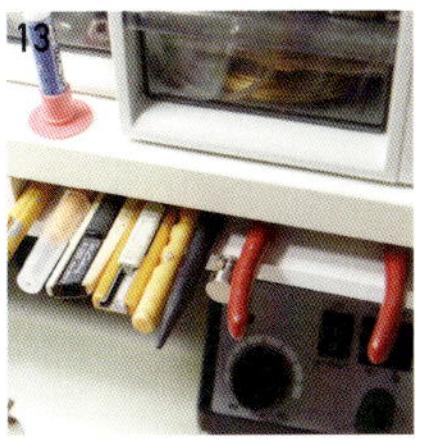

1 2：実体顕微鏡やモーターツールなど多用する道具はつねに卓上に設置。実体顕微鏡は対象物との距離を稼ぐために台座を180度回している。**3**：ファレフォなど大量のマテリアルはキャスター付きの引き出し収納に分類して収納。使うたびに戻す。**4**：使用頻度の高い筆類は卓上トレーで管理。**5**：煩雑になりがちな溶剤やボトル類は卓上カゴに入れて管理。**6**：机のあいだに引き出し式の板を設置してそこに大型のツール類を保管している。**7**：グリーンで統一されたケース類にはそれぞれダイオラマ製作用のマテリアルや買い置きのレジンキャスト製フィギュアなどを分類して保管している。**8**：照明には動画撮影用のLEDビデオライトを設置。これひとつでかなりの光量を確保できる。**9**：使用頻度の高い塗料やウェザリング用マテリアルは正面の引き出しに保管。**10**：エアブラシ作業は頻度が低いため、塗装ブースは設置せず、サイドテーブル下にコンプレッサーやハンドピースを設置。GSIクレオスのプロコンBOY0.3㎜とアネスト岩田のCM-CP2、コンプレッサーはエアテックスAPC-001R2を使用。**11**：こまかいプラ材は使い勝手が良いので捨てずに形状ごとに分類して小引き出しで保管。**12**：プラ棒や真ちゅう線などは在庫の確認のしやすさ、取り出しやすさを考えて、アイリスオーヤマのスタックボックスを改造して使用。**13**：卓上棚の下に小さい棚を設置し、ナイフや定規などこまかい道具を管理している。**14**：1/35フィギュア塗装用に持ち手となるウッドブロックは多数所有している。

「3.5回目の模様変えでこの形に落ち着きました」

十数年のブランクを経て模型趣味に出戻ったのが2000年。そのときはリビングのカフェテーブルで作業する、いわゆるちゃぶ台モデラーでした。その後、雑誌などの依頼で模型を作るようになり、道具や資料が増えたためにいまの部屋を使うことになりました。この部屋を選んだ理由は、南北に抜けた換気の良さと、寝室から離れていること。最初はパソコン机を作業スペースに、資料本や小物を収納するメタルラックを配置しただけのシンプルな仕様でした。

2005年に本業で独立して作業部屋で仕事をすることになり、パソコン机や周辺機器のラック、書類等の収納棚を買い足すも、なりゆきで揃えたために使い勝手は最悪に……。そんな場所では作業効率やモチベーションは上がるはずがなく、2010年にリフォームをすることにしました。

仕事の合間を利用して日にちをかけずに作業できるように、予めプランを練っておきます。はじめにpinterest.comで作業台を検索し、模型作りに良さげな部屋の画像を集めます。そこで参考にしたのが時計や宝飾職人の作業机。高めに作られた机や、手元に配置された収納など、アイディアを参考にしながら家具量販店の「イケア」で商品をチェックします。部屋の間取りをAdobe Illustratorで描き、イケアのWebサイトで調べた家具の寸法を間取りの中に落とし込み、平面状でレイアウトをプランニング。店にないものはホームセンターで購入した材料をDIYで完成させました。

「大量の物を如何に隠して収納するか」をコンセプトに、物は用途別にフタ付きの箱に入れてシェルフや棚に収納します。そして塗料や素材、道具類は家具型の大きなものからケース型の小さいものまで大小の引出し付きの収納に片付けました。

部屋全体をいちどに変えたため最初の状態に比べて快適さは随分と変わりました。ただ使いだすと不具合やアイデアが後から出てくるのは模型と同じなようです。当初は仕事用のパソコン机と模型用の机が通路を挟んで直角に設置していました。ただそうなると動線がねじれて使いにくく、今年に入ってふたつの机を平行に配置。さらに収納棚と引出しも追加して使い勝手を改善したのがいまの状態です。

とはいえ現状で完璧かといえばそうではなく、換気対策の強化や、押入れにデジタル系の機械を置いた作業スペースを作りたいなど、いろいろ画策はしています。ただ作業部屋を作るために模型を作る時間が無くなってしまっては本末転倒ですね。■

省スペース!?狭い部屋を広く使う方法

●作業机のとなりには途中写真を撮影するための撮影スペースを設けているが、引き出しユニットの上に設置した天板は加工して折りたたみ式としている。必要な場合、たたんだ天面を広げ、裏面に支柱を通して広いスペースとして使用することが可能だ。大型のダイオラマなどもこうやって場所を確保し、製作している。

■物件として選んだガレージは約16畳と広い。シャッター部にOSB材を使って壁とドアを作った以外は、床はクッション感のあるリノリウム、天井は石膏ボードに蛍光灯とガレージ時代のままの内装を活かしている。■作業机×2、L字テーブル、本棚、直立用作業台など、多くの家具をDIYにて製作。本人の意図するサイズや高さ、物件の柱の形に合わせて作り付けているので非常に効率的なレイアウトになっている。■メタルラックには透明な引き出し式の収納ボックスに収められた各種マテリアル、工具類が積まれており効率良く探すことが可能。■この工房のほかに倉庫もあり、不要な道具、在庫キット、マテリアルなどは基本そちらに収納。必要なときにここに運び込む。■キャスター上に積まれた多数の透明ケースには各種プラモデルなどの流用パーツを収納

02
MODELLER'S ROOM

伊原源造［Elegant Style］

GENZO IHARA

16畳のガレージを改装
DIYで理想の造形アトリエを構築

造形家として活躍する伊原源造さんは、引っ越しを機に自宅の一室のアトリエを閉じ、別途工房を設けた。そのほとんどをDIYで構築したというその空間は、造形だけでなく、非常に趣味性の高い、心地良い空間として仕上がった。伊原さんの心地良い空間とは？

●こだわりの門構えもDIYで作られたもの。整然とした室内には自作の造形物が多数飾られており、家主の趣味を物語っている

◀さりげなく小物類を飾るスペースを設け、和める場としている

●メインとなる作業机の上には市販の台座を設置している。これはこまかい造形作業をするさいの姿勢を配慮してのこと。作業の内容によって使用するスペースを切り替える。ターンテーブルも複数設置して効率化を図るとともに、台座下にはツール類を置くことで場所を有効活用している。モーターツール類の配置位置にも注目したい

伊原源造 / いはらげんぞう

(源工房 / Drunk Dog Works)

フリー造形師、原型師。模型誌での作品発表や商業原型製作を続けるかたわら、ここ数年は竹谷隆之氏率いる竹谷工房での作業に従事。昨年の大ヒット映画『シン・ゴジラ』では竹谷隆之氏陣頭指揮のもと、シン・ゴジラの雛型造形スタッフとして活躍

02 MODELLER'S ROOM

伊原源造 [Elegant Style]

GENZO IHARA

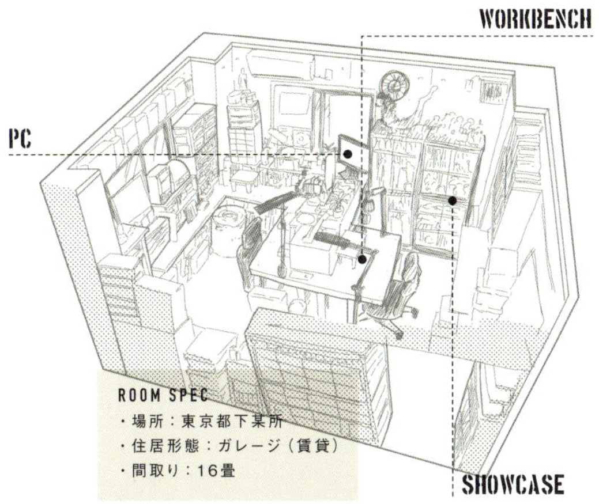

ROOM SPEC
・場所：東京都下某所
・住居形態：ガレージ（賃貸）
・間取り：16畳

塗装ブースは換気扇×2、塗料も手際よく整理

●25㎝窓付け用換気扇を二台設置して強力換気。コンプレッサーはメインにGSIクレオスL10、サブでエアテックスのAPC-002を使用。ハンドピースはGSIクレオス、タミヤの0.3、0.2を複数用意しクイックチェンジジョイント式にして効率化。塗料もブース横の棚で一括管理している

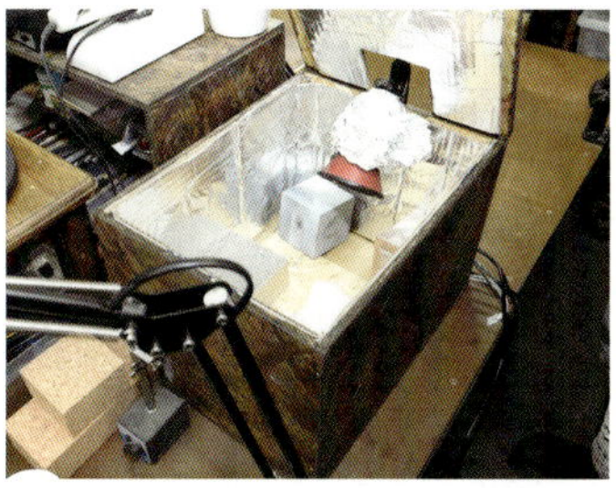

●エポキシパテなどの効果促進用の保温庫をOSB材で自作。中はダンボールにアルミホイールを貼り詰め、電球を仕込み熱源としている。スカルピー用のオーブンはカーベック製品。縦型で使用でき、焦げないので重宝している。コンセント類はテーブルフチ下にテーブルタップを設置。煩雑になるのを防ぐ

ディスプレイコーナーはモチベーションを高めるポイント

●この空間をただの作業部屋ではなく、居心地のいい趣味の空間にしているのがこのディスプレイ。自作の作品のほか、気に入って購入した立体物やフィギュアなどを展示している。ケースは見栄え重視でLEDライト入りでガラス棚のしっかりした作りのモノを選択

机の高さ75㎝にこだわり

●作業机はとくにこだわり、自分の座高に合わせて高さを設定した。（天面まで75㎝）。脚部は2×4材で強度を出しつつ、使っていて足がぶつかりそうなところは支柱を逃がすような配慮がしてある。まさに自分好みに徹底的にカスタマイズされた空間だ

以前は築30年ほどの古い2階建ての借家で2階に工房、倉庫を構えていましたが、年々手狭になりだし、もっと広く自由に作業できる空間を作りたいとかねがね思っていました。それで昨年の初夏、仕事が落ち着いたタイミングで一念発起、モノ作りに集中できる環境の工房を作ろうとこういったスペースを構えました。

　ここはもとは、知人の所有する建物に併設された16畳ほどのガレージで、物置きにしか使われていなかったところを借り受けています。物件は1階でドアをあければすぐ道路、付近に線路といったところなので、ちょっとやそっとの騒音や溶剤の臭いなど周囲に迷惑をかけることが少ない好立地です。そこを内装はほぼそのままに入り口の壁やドア、作業机、棚などを友人の協力のもと、自分好みにほとんどDIYで作り上げました。

　製作環境の中心となるのは作業机ですが、こだわったのは作業効率を重視した配置です。まず窓の位置から塗装ブースのエリアを決め、窓付け換気扇を2台設置しその前を塗装ブースとしました。その左右にL字型に連結した作業机を設置。左側は230㎝×65㎝のサブテーブルとし、そのあいだに130㎝程度のスペースを取り、右側に230㎝×80㎝の机を置いて、ここをメインの作業机としました。その上に自作の棚を設置し工具、材料類を取りやすく配置。こうすることで基本、椅子に座ったままでも手を伸ばせば届く範囲に、必要なモノをレイアウトできるようにしました。メイン作業机の対面側にも120㎝×90㎝の作業机を設置。こちらはおもに複製作業や撮影などに使用しています。これらの机は自分の座高に合わせて製作。2×4材で強固な足周りを組み、天面にはハンマーで叩く作業にも耐えるようにスケートライト材（スケートボードランプ用素材）を選びました。

　ガレージを利用したことで天井が比較的高く、以前よりスペースがあるので大型の作品や複数の案件を同時進行で製作することが可能になりました。ふだんあまり使わない材料や資材、在庫キットなどは徒歩5分程の場所にある倉庫に保管しています。

　今後は気になる箇所をじょじょにカスタムしながら、旋盤などの設備も増やす予定です。また、普段からこの工房で過ごす時間が多いため、ここに気に入ってるトイや造形物、作品などモノを飾ったり、好きな音楽、映像を楽しめるような居心地のよさも重視しました。おかげでさらにモノ作りに対するモチベーションが上がりますね。■

■広々としたテーブルに広げられた模型道具が圧巻のアトリエはメインの作業場を中心に放射状に工具／材料が配置される。大型の窓のおかげで家の中自体が非常に明るためアトリエも明るい雰囲気につつまれている。ライトは蛍光灯をふたつ使用することで手元の光量を稼いでいる

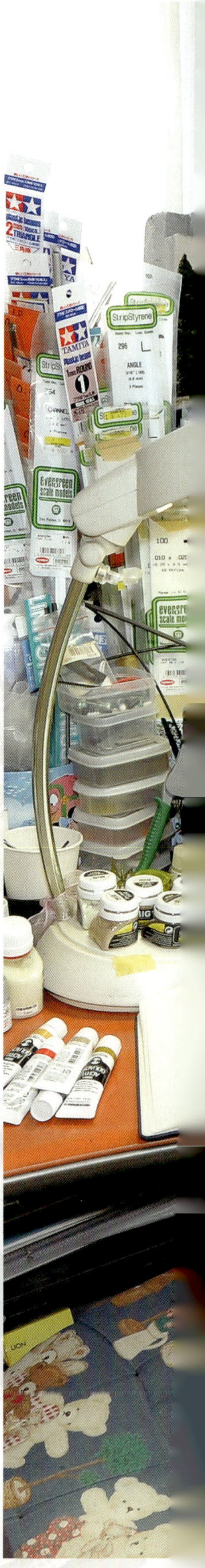

03
MODELLER'S ROOM

WildRiver 荒川直人[Elegant Style]

WILDRIVER NAOTO ARAKAWA

模型製作と家族の垣根を取り払った模型製作アトリエ

『WildRiver G-World 円形劇場』でお馴染みの情景師、WildRiver荒川直人さんは「模型趣味と家族との団らん」を両立するために臭気作業を廃した作品作りを徹底し、部屋の壁を取り払ったという。その「円形劇場製作現場」を拝見しよう

●ご覧のとおり、リビングとアトリエを隔てるものはなく完全に筒抜けで、リビングの奥の一角をアトリエとしている。振り向けば家族といっしょにTVを見ることもできるし、作業中も家族との会話が途切れることがない

●メインとなる机は当時非常に高かったオカムラの平机L型 ProficeDeuxというオフィス用机。同サブテーブルも使用してメインの作業場としている（椅子は普通のものを使用）。奥のボード裏には以前使用していたデスクトップPCが鎮座している。ここは今ではiPadなどを置いて資料閲覧などに使う場所になっている。またモーターツールや各種筆なども使用目的によって効率良く配置されている

お気に入りの机を中心に、
絵画を描くようなアトリエを構築

●玄関はちょっとした造形物のディスプレイスペースとなっている。市販の立体物のほか、お手製の小物、ポストカードなどで雰囲気ある空間が演出されている

WildRiver荒川直人 /
わいるどりばーあらかわなおと

キャラクターモデル、エア、艦船模型などジャンルを問わず、各模型雑誌で円形劇場というダイオラマコンセプト作品を作り出す、ダイオラマ演出師。『WildRiver's G-WORLD』『WildRiver's S-WORLD』（ともに大日本絵画／刊）がある

●素晴らしい採光があるリビングの外には広いテラスが。そこではダイオラマの材料となる植物を育てている。採取した材料を作品中の木として使用したり、プリザーブド処理（特殊な液に漬けて水分を抜く処理）をして草関係の材料の製作も行なう。ラッカー系スプレーなどはテラスの隅で吹くことも

03 MODELLER'S ROOM

WildRiver 荒川直人 [Elegant Style]

WILDRIVER NAOTO ARAKAWA

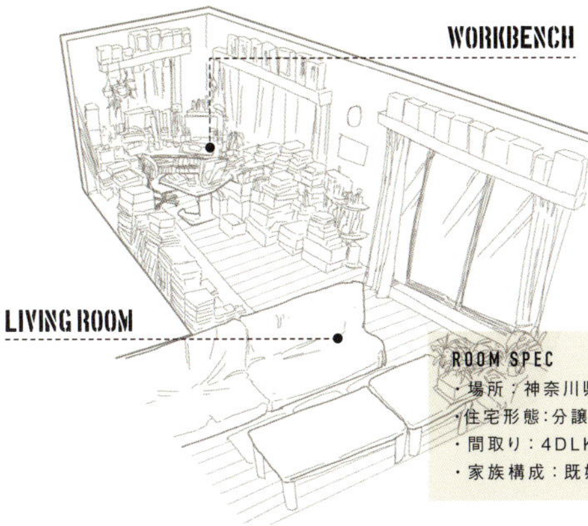

ROOM SPEC

- 場所：神奈川県横浜市
- 住宅形態：分譲マンション（入・居15年）
- 間取り：4DLKを3LDKに改装
- 家族構成：既婚+犬(CoCo)

1

5

2

6

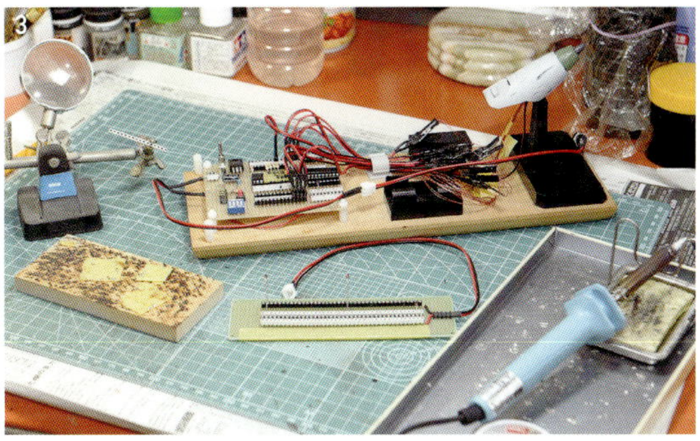

3

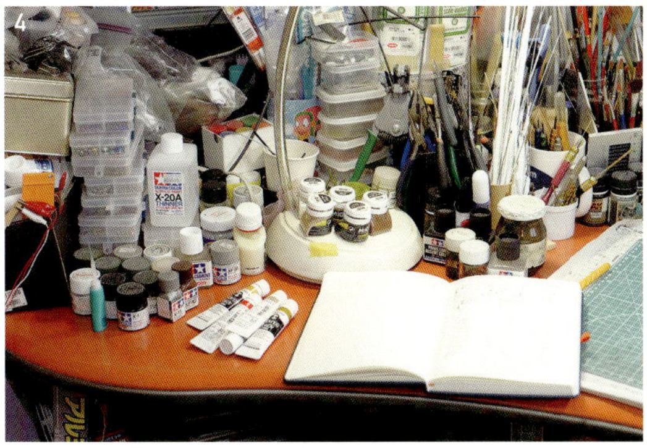

4

1：家族みなで牛乳をよく飲むという荒川さん。たくさん出る資源ゴミである牛乳パックは捨てずに洗浄、乾燥させてパレットとして使用。内側のポリエチレンでコーティングされた部分がアクリル絵の具を扱うのにちょうどいいそう。2：作業スペースの清掃には掃除機のほか、卓上ちりとりを愛用。3：電飾模型でも知られる荒川さんだが、電工用具はいたってシンプルでハンダごてなどはふだんは缶ケースに入れてしまっており、必要に応じて取り出して使う。4：広いテーブルを活かし、小分けにした材料や塗料などは常に手に届く位置に配置。雑然としているようで、整理されているのも荒川さんらしい。常に手帳を携え作品のアイデアや工程表をメモしながら作業を行なう。5：別室に設けられた塗装スペース。しかしここでもラッカー系塗料は使用せず、タミヤカラーアクリルを中心としたエアブラシ作業が中心となる。コンプレッサーはGSIクレオスのMr.リニアコンプレッサーL7を使用。塗装ブースは使用していないが、新聞紙の養生と換気だけで済む程度の作業しかしない。6：リビングのテーブル（右）のとなりにあるコタツテーブルが第二の作業スペース。ときには家族が食事をしている最中でも横でダイオラマの仕上げをすることもあるとか。「第2作業スペース（食卓の横のコタツ）に、新聞紙を広げ、ダイオラマ作品の最終仕上げの作業を行ないます。この時、例のごとく、家内や息子がいやいや作業を手伝ってくれるときもあり、一種の家内制手工業の現場のようです。」（荒川）

汚さないような工夫がミソ

●リビングとアトリエを繋ぐ努力はなにも有機溶剤を含むラッカー系塗料の使用を控えるだけではない。工作作業ででるこまかい削りカスやプラスチックのかけらなどを極力散らかさないことも大事。そのための工夫としてカッターマットの下に新聞紙を敷き、その四方をホッチキスでとめて四方のフチを立ち上げている。こうすることでこまかい削りカスなどの四散を防げるとともに、作業後はカッターマットをこの上で払ってから捨てるため、ゴミの拡散を防げるという。

我が家は南向きの窓側のリビングとつながる部屋の壁をなくして3LDK化、リビングとL字型に繋がるようにしてもらい、その部屋のコーナー部分をメインの作業スペースにしています。昔から部屋に引きこもって製作するのが大嫌いだったので、背中越しに家族の見ているテレビの音や、話し声をBGMとして製作してきました。

メインの作業机はコーナー部に収まるラッキーカラーのオレンジのL型で、広い面積のオフィス用のをサイドテーブルも一緒に購入。とても高価だったのですが傷つきのセール価格になったのを家内に頼み込んで購入。一生もんです。机の上は、ある意味ごった煮状態ですが、15年分の固定作業領域なので、こまかいものなどどこになにがあるかが、すべて頭の中に入っているので、使いやすいと思っています。

基本的にラッカー系塗料は使わず、別部屋の塗装ブースでタミヤカラーアクリルを使ってベースの塗装を最低限したあと、メイン作業スペースにもどりで油彩やアクリルガッシュなどの無臭の筆塗装がメインなのでニオイの心配もありません。

メインスペースでは、大きなダイオラマ製作などの作業は難しいので、第2作業スペースと称して（食卓の横のコタツ）に、新聞紙を広げ、ジオラマの最終仕上げの作業を行ないます。これも臭気の伴う作業を廃しているからのたまものです。■

■2階建て+屋根裏部屋の一軒家のうち、2階の中央10畳ほどの空間に大型テーブルを作業台として設置。白熱灯のZライトを二本設置している。道具類はその下に置いた引き出し類に収納している。■基本的に筆塗りで作品を仕上げるので、塗装ブースは常設せず、缶スプレーなどは奥の台所を養生して換気扇に向かって吹く。■作業机：天板800×2200㎜（Marabu製）（25年前に購入したもの）。■作業椅子：IKEA MARKUS ■コンプレッサー：造形村APC-017R（エアブラシは同梱のもの）。■PC作業は隣部屋に設置したiMacを使用する。資料画像などを手元で参照する場合などは別途MacBookProを使用。■親子で集めた家具や小物、オブジェがセンス良く配置された洗練された空間は雰囲気の良いカフェのよう

●広くとられた机周りの動線はこのレイアウトのキモ。マテリアル類もケースに分類、収納されている。数多くレイアウトされた観葉植物との調和が見事な空間だ

04 MODELLER'S ROOM

大森記詩 [Elegant Style]

KISHI OHMORI

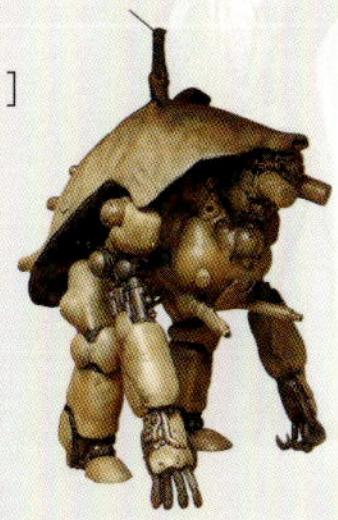

作品製作が生活の中心。常に手を動かすことができる環境作り

芸術家の母と同居する大森記詩さんは生活の中心に創作活動があるという、モデラーというには風変わりな生活を送っている。しかしそこには物を作る上でかかせない“作業場”への考え方が現れており、モデラーならずとも憧れる空間となっている

●常に整頓を心掛け、ひと作業ごとにこまめに掃除機をかけるなど清潔感のある作業場を保つことを心掛けている。シェルフ類はすべてDIYで自分の使いやすい寸法のものを製作、使用している

作業机は「より広く大きく」が家訓です。

●自作のシェルフには自作の立体作品などを多数レイアウト。製作途中の作品もここに避難させることで、飾りながら保管をしている。完成品は気分で入れ替えることもしばしば

大森記詩 / おおもりきし

１９９０年11月5日生まれ、東京下町在住。美術大学の彫刻専攻在籍。両親の影響もあって模型は幼少期から身近に。小学生時代にＭａ.Ｋから本格的に模型製作にのめり込む。作品制作の傍らで立体造形やデザインの仕事もしつつ活動中

大森記詩［Elegant Style］

KISHI OHMORI

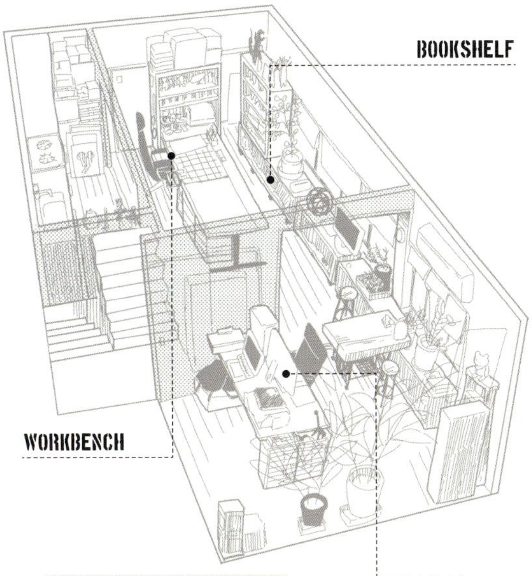

ROOM SPEC

- 場所：都内下町某所
- 住居形態：賃貸一軒家
- 築：約35年（居住3年半経過）
- 間取り：3LDK
- 家族構成：本人＆母

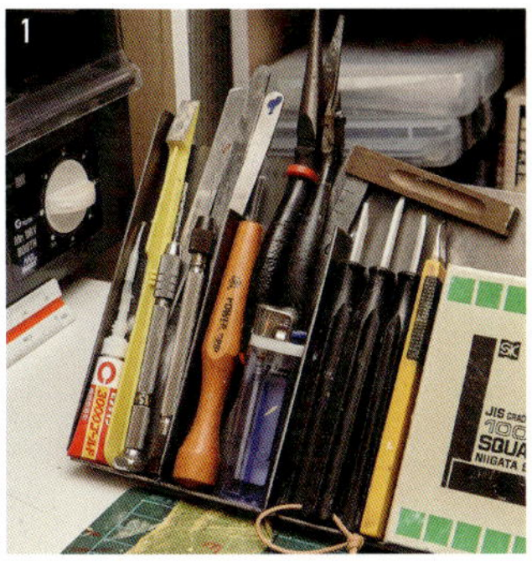

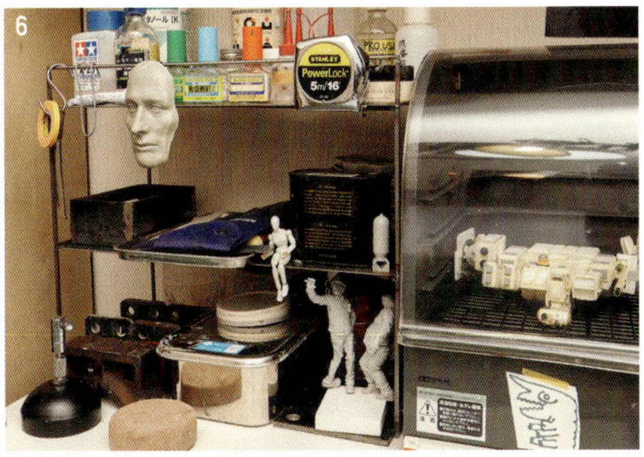

1 2：ナイフや彫刻刀、ピンバイスや金ヤスリなど使用頻度の高い道具は、自作のスチール製道具スタンドに収納。鉄製で重量があり、安定して使いやすい。**3**：煩雑になりがちな清掃道具はキャッチホルダーで自作棚の横に収納。**4**：電源はケーブルタップで卓上横に引き回しておき、使用時の煩わしさを解消している。**5**：無印良品製のポリプロピレン製の引き出しをテーブル下に多数配置。塗料や工作道具、そのほか消耗品などをすべてまとめて収納。統一感が出て整理しやすい。**6**：基本的に道具は机下の引き出しケースに収めるが、机の横には自作のスチールラックとGSIクレオス製乾燥ブースを設置。使う溶剤や、組みかけの模型、小物類を配置。万力も常設している

在籍している美術大学が近場のため実家で生活をしています。自宅は少々不思議な古い造りの一軒家です。充分な高さと広さのある屋根裏を含めた実質3階建を、アーティストの母とそれぞれの仕事・製作用として使っています。母のアトリエは最上階なので、僕は主に2階の約2／3（14畳程度）のスペースで自由に製作・作業をしています。お互いの製作を円滑に行なうため、それぞれのスペースに対して尊重・適宜協力するスタンスで今まで暮らしてきました。おかげで良い環境・関係を維持しています。

作業机はこれまでの経験から物をなるべく配さず、常にゼロの状態にできるよう心がけています。撮影セットや検討モデルなど、大きい作業でも臨機応変に対応するために、窓際や壁側に寄った配置ではなく、動き回って作業ができるように3方向の動線を確保しました。

平時は大きめのカッターマットを2枚敷き、新しい方をカッティング用、使い古している方を一般作業用として使い分けています。一般作業用マット側に簡易定盤として3・2㎜の鉄板があり、この上でこまかい造形作業などを行ないます。水平、垂直の基準出しにも便利です。卓上に出しておく道具・工具類は最低限とし、自作の鉄製ツールスタンドなどに適宜まとめて、そのほかは分類して机下の引き出しに収納しています。

完成品の一部を展示しておけるように、作業机に合わせてラワン材で棚を自作しました。棚の断面をペンキで白く塗装して空間を圧迫しないように工夫をしています。完成品のほか、作業中の物と製作予定のキット及び、流用パーツなどを一時的に保管する段も設けました。また、ボックスアートの好きなスケールモデルの旧キットなどを最上段に飾るようにしています。

自宅正面が南向きで2階は窓が大きく、目の前が小さな公園という立地のため、日当たりと通気性がたいへん良好です。いつも開放的な気持ちで作業ができます。筆塗りが多いため、自然光で確認できるのも大きな利点です。もともとは2世帯住宅らしく、こちらにも台所があります。頻度は少ないですが、エアブラシを用いる場合ここの換気扇を養生して短時間で行ないます。

今後の改修計画は、流用パーツの保管先として、台所に棚を作って取り出し易くしたいです。また、各棚に転落防止用のアクリル製トビラを取り付けたいと考えています。使い易い作業環境を試行錯誤してきましたが、もう少しで理想のレイアウトが完成しそうで楽しみです。■

自然光に包まれるアトリエ

●もともとが既存の物件を途中から2世帯住宅とリノベーションして使われていた家らしく、深い築年数のわりに床がフローリングで、ふたつの台所がある変わった家。2階の南側一面は大きなガラス窓になっているうえに向かいは公園で、遮るものもなく室内は非常に明るい。塗装作業は主に筆塗りであるため、自然光での色の確認ができるのも大きな利点。通気性もよく、窓を開ければさっと換気できる。この明るさはとても気に入っているとのこと

■一見ショップのディスプレーと見まごうばかりの完成度を誇るこの作業ブースは、じつはDIYで作られたこだわりの逸品。「モデルグラフィックス誌の以前の連載『ザ・コクピット』って大好きだったんです。ほかのひとの模型環境は刺激をうけることもあります。やはり模型環境を整えはじめたのはエアブラシとコンプレッサーを導入してからで、最初はリビングの隅で塗装ブースを設置して塗装してみましたが、すぐに臭いがダメだとわかり、本格的に模型部屋を計画しました」（丹野）。ここで従来からの凝り性に火がつき、ないものは自分で作ろうというDIY精神が芽生えた結果がこの自作の製作ブースと塗装ブース。凝り性からくる完成度の高さが結果として、幼いお子さんのいる家庭ながら模型趣味を続けることができる状態を生んだといえる。立った状態の作業スペースは集中力を生むとのこと

05
MODELLER'S ROOM

丹野雄士 [Elegant Style]

YUJI TANNO

趣味の空間だからこそ、こだわりたい 自分のスタイルにあった作業スペースを確保

ホビーショップスタッフである丹野雄士さんはモデラーでありながら、自称“模型部屋マニア”だという。理想の模型製作部屋を追い求め、日々試行錯誤を繰り返した結果、DIYで作られたとは思えない完成度の高いワークベンチを構築している。

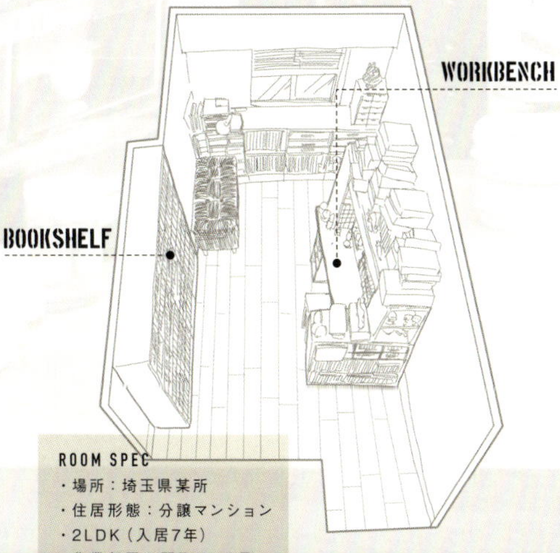

ROOM SPEC
- 場所：埼玉県某所
- 住居形態：分譲マンション
- 2LDK（入居7年）
- 作業部屋の間取り：6畳
- 家族構成：妻＋子供

●「立って作業したほうが集中できる」とカウンター式の作業机を自作。もともと凝り性でこの環境にもこまかく手を入れており、もはや「模型部屋を作ることがひとつの趣味と化している」んだとか

見栄えの良さへの満足と家族の理解の獲得

1：作業ブースはDIYのほかに市販の引き出しなども組み込んであるため、収納スペースに無駄がない。壁際の資料棚も活かせるような配置になっている。2：ブース内側には材料や道具も収納されている。フック位置を変えられるので新しい材料が増えても柔軟に対応できる。3：卓上はカッターマットを敷いて作業をする。パッドを多用して道具類も煩雑にならないように工夫している。4：奥の棚も資料や材料の収納を兼ねている。次の改良では塗装ブースはここに設置を検討している。5：ブースの外側にも棚を設置し、資料や使用頻度の低い各種マテリアルを収納している。6：これが換気扇を使った自作の塗装／集塵ブース。正面からミストを、中央から集塵を行なう。折りたたみ式で移動が可能だ

丹野雄士 / たんのゆうじ

製作する模型ジャンルはAFVやMa.K.、ガンプラやキャラクターモデルなど雑食だが、ゲームズワークショップ日本支社に入社してからは自社製品であるウォーハンマーのミニチュアを製作することが多い。現在はウォーハンマーストア神保町店のストアマネージャー。

ライトの選択にこだわり

●「横山宏さんの『MaKモデリングブック2』（ホビージャパン／刊）に記述があったフルスペクトルライト、いわゆるバイタライトが太陽光に近く正しい色が判る光だというので、探して購入しました。確かに素晴らしい光ですね」（丹野）

以前は机を中心に模型部屋を作っていたのですが、なにせ狭い部屋ですので机周り以外はうまく活用できないことに気がつきました。また、このころから自分の集中力のなさに気がつきはじめてましたので、「ゆったり座ってのモデリングは効率が悪い!」と、スタンディングデスクの導入に踏み切りました。市販品の棚を組み合わせつつ自作でこの製作ブースを製作。これで省スペースと、集中力の強化に成功しました。

また私自身が粉じん、溶剤の臭いがダメなものですから、これを徹底的に排除することを目的とした塗装／集塵ブースを自作しました。まずはニオイ。決して模型部屋から外へは出ないように仕上げました。

「家族の理解」は模型製作にあたっての、いちばんの悩みです。じつは私はここに気を使ったが故に、ここまでの環境を整えることができたのです。たとえばですが、よくあるのが手を触れることが許されぬ雑然とした机周り。早い話「入りたくないわっ」と思われる環境ですね。これの改善です。また模型はどうしても根を詰めてしまいがちですが、家族とのコミュニケーションの時間を確保すること。女性は「私は無視されていない」と思うと協力してくれるものらしいですよ。■

MODELLER'S ROOM

"PROFESSIONAL" STYLE

HIDEAKI HIRATA
NAOKI
HIDE IWAI
NAOYUKI UEHARA
KEITA YAGYUU
[WORLD MODELLER'S STYLE]
ICHIRO YOSHIDA
SHINPEI NOHARA

スピード／クオリティ双方を求められるプロフェッショナルモデラーは、空間としての居住性を一部バーターとしながら、部屋ごと製作の道具としている。そこにはそれぞれのスタイルの違いが明確だ

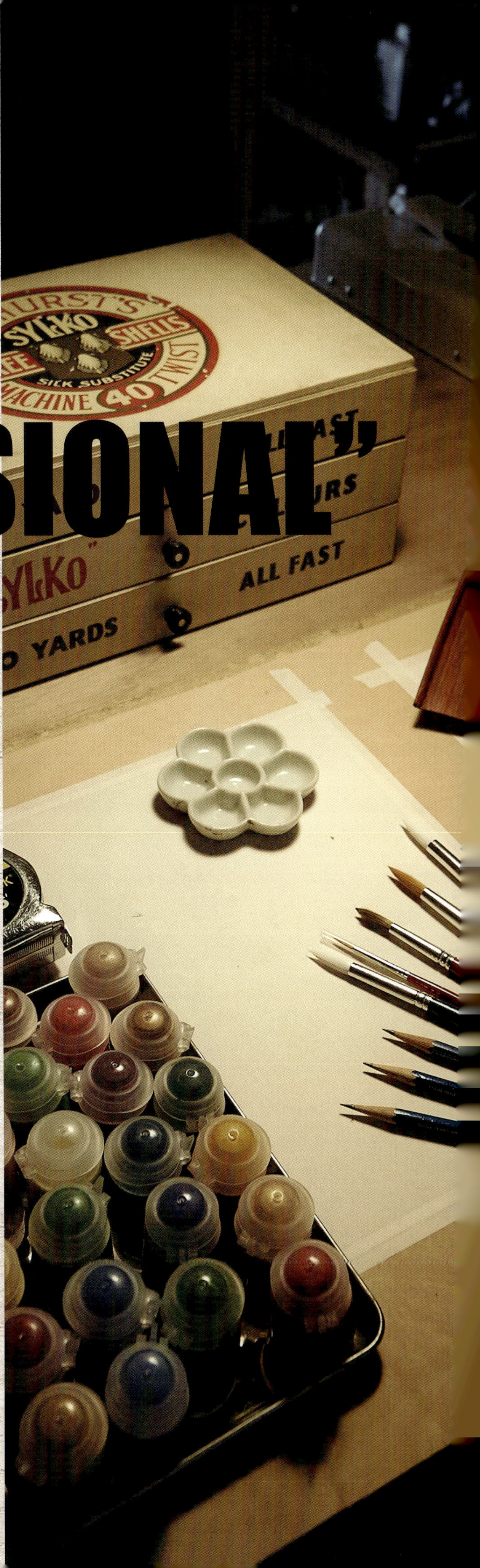

■本人のこの工房の設計への入れ込みは半端なく、「一国一城の主の城はかくあるべし」という哲学によって作られている。しかしいまでは「すこしお金もかけすぎたかな～、凝りすぎたと反省している」とのこと。注目したいのは、天板から最初の18㎝ほどの高さの棚。これは鉛筆立てに工具を刺した状態のものが丁度入る高さを掲載してつくられている。二段目の小物引き出しもこまかい材料や工具にアクセスしやすく、椅子に座ったときに目の高さにくることを考えて配置されている。液晶TVの裏の張り出しは、製作時にブラウン管TVを置いていたときの名残で、裏のVHSデッキ、ビデオプリンターを使って動画から資料用の画像を刷りだしてした。テーブル下には専用の掃除機を配置するほか、専用の工具引き出しもこれまたそれぞれの工具に寸法をあわせたものが作られて収納されている

06
MODELLER'S ROOM

平田英明 [Professional Style]

HIDEAKI HIRATA

自宅内でのアトリエ構築術 プロ原型師の専用工作部屋は完全オーダーメイド

プロ原型師の平田英明さんは、それまでの経験を活かしこの家に入居する際に、徹底的にこだわり抜いて作業場を作ったのだそう。その工房は事務所も兼ねた汚れのない、非常にクリーンな印象なもの。はたしてご家族を抱えた一家の主が自宅に作る工房の理想型とは?

●テーブルから棚、引き出しにいたるまで、すべてこの部屋にあわせて設計、加工された一点もの。テーブルの高さは平田さんの体格に合わせられ、棚の高さは工具類がスムースに収まる寸法に合わせて作られるなど、完全に造形／模型作業に特化した部屋となっている。「友人の設計事務所に結婚祝いの代わりにタダで設計してもらった専用のシステム家具。材料、施工費で65万円だったかな」（平田）

プロの仕事部屋に必要なのは 効率と環境への配慮

●作業台正面の棚は、ニッパーやナイフ、カッターなど使用頻度の高いツールがペン立てのまま奥に収納できるように16cmほど天面からかち上げている。道具の出し入れを容易にするとともに天面を広く使うための考えられた工夫だ。

平田英明 / ひらたひであき
（マックスファクトリー）

プロの原型師／モデラー。美術大学を卒業後、造形関係の会社に務め多数の原型仕事を手がける。独立後はAFVモデラーとしても活躍し、月刊アーマーモデリング誌などで作品を発表する。現在はマックスファクトリーに籍を置く

●観音開きの収納扉を開けると「ALTETJEクリーンキーパー」という工業高校が使う大型の塗装ブースが現れる。この塗装ブースは缶スプレーも吹けるとのこと。コンプレッサーは卓下にそなえ、ハンドピースのみ引き回してる。

1 2：この部屋のクローゼットは造形倉庫兼旋盤工作室になっている。クローゼットをあけると、そこには旋盤やフライス盤が設置してあり、内部には専用のライトが設置されている。立った姿勢で視認できなくては作業できないと、平田さんが立った際の高さにあわせて機材は設置されている。掘削時のダストは後方に専用の集塵機を備え、吸引している。3：塗料は大量にストックできる資材庫を準備し収納。瓶の天面には色名などをメモしている。下の引き出しには缶スプレーやシリコーンゴム、レジンなどをストック 4 5：電灯は白熱灯と蛍光灯を併用。

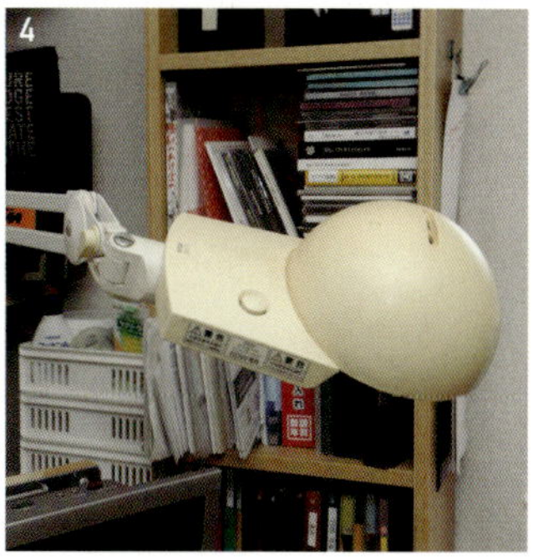

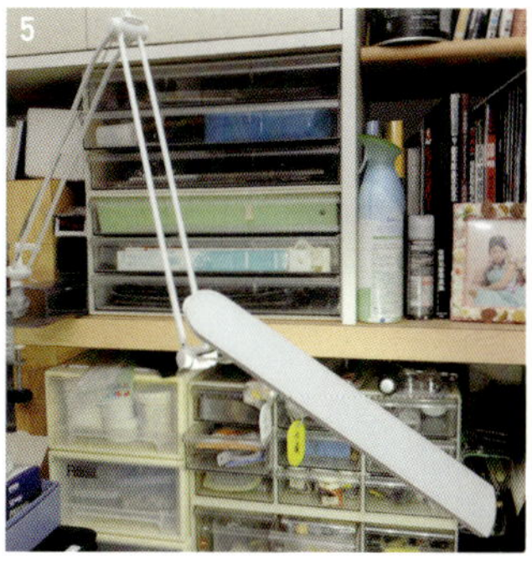

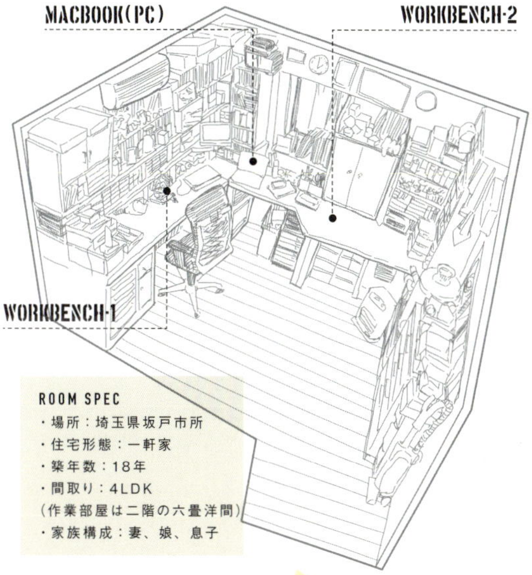

ROOM SPEC
・場所：埼玉県坂戸市所
・住宅形態：一軒家
・築年数：18年
・間取り：4LDK
（作業部屋は二階の六畳洋間）
・家族構成：妻、娘、息子

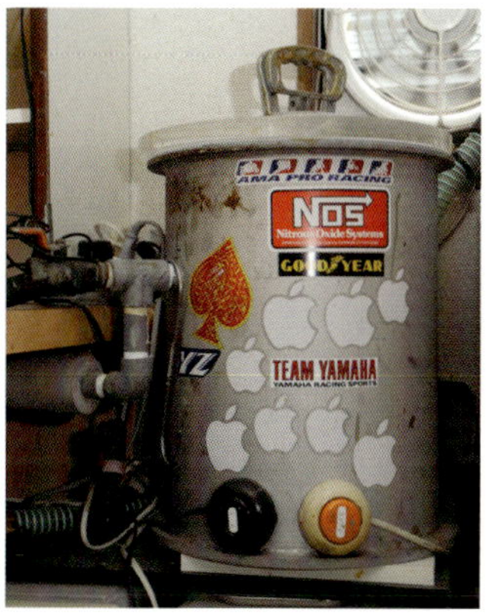

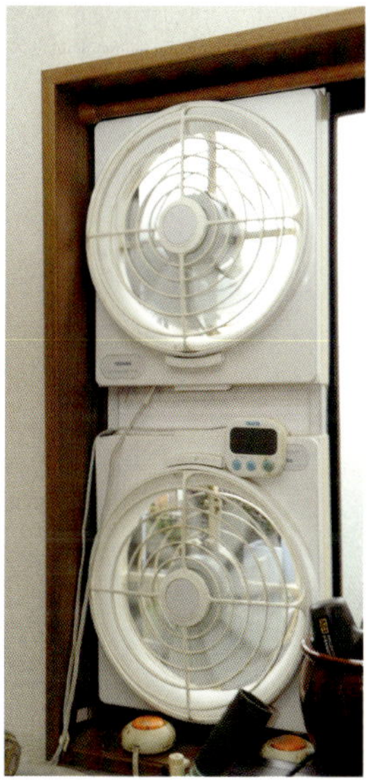

●レジンキャストを手流しで注形する場合も多く、完全な換気が必要だったため、窓嵌め型の換気扇を上下逆にふたつ組み合わせて設置。これを注形作業場の上にすることで効果的に排気を行なっている。窓の位置関係も考慮して設置するのが大事だとか。「排気方向はシンプルなほうが効率が良いのを経験則で知った」

部屋を清潔に保つ工夫

●作業机や部屋の清掃にはそれ用の掃除機を準備しているが、リューターなどの削り作業にも専用の集塵機を用意することで効率よく作業が行なえる。作業机の奥から吸い込み口を回し、作動させながら掘削作業などを行なう。

模型部屋界のポルシェティーガー

「模型」ノ道ススムレド「部屋」ノ道捨テガタシ。とかく環境が後回しにされがちな日本。が、できる職人の作業部屋は美しいもの。そうあらねばならない。この道を進むからには社会に認められ、国から伝統工芸扱いされるその日まで模型帝国の道は続くのである！　佐藤直樹はかつて3畳間で1mを越えるスター・デストロイヤーを作った。この故事に倣い作業部屋はコンパクトかつ必要条件を充分満たさねばならん。職人が機嫌よく作業できるのもまた条件。ゆとりを持った環境のためにはモニターをこの角度で設置してラジオはよく聞くから手元に、目のためには最低バイオライトを使いたい……もう模型のことなんてどうでもいい！　この工具をこの位置に置きたい、よく使う工具を一箇所に集中させたい、この目線で作業できるようにしたい、腕が当たる机の角を丸めたい、臭いのは嫌だから換気を効率化したい、たまには足を投げ出したい、塗料はたくさん備蓄したい。etc.……「部屋」ノ道ススムレド「模型」ノ道ッテナンダッケ？

模型を作る欲求はすでに模型部屋を作る欲求へと変化し、もはや部屋を進化させ続けるきっかけにすぎない。すでにナチスの敗戦が決定的となってもポルシェ博士の重戦車開発にお熱だった総統閣下のお気持ちがよ〜くわかる。いや、反省してますよ■

■8畳の一部屋をまるまる仕事場として使用しているため、衣服などのほかの私物は別フロアに保管。資料でもあるプラモデルの在庫も膨大になるため別部屋で管理している

07 MODELLER'S ROOM

NAOKI [Professional Style]

NAOKI

No.1プロモデラーの環境は質実剛健 ふたつの製作環境を往来可能に

アマチュアモデラーのなかで、読者の関心がもっとも高いのは第一線で常に作例を発表しているプロモデラーの作業場だろう。ここではNAOKIさんにご協力いただき、その作業環境についてお話をうかがった

造形／塗装作業スペース

デザイン／デジタル作業スペース

●モデラー／原型師に留まらず、近年はメカデザインやイラストを描く仕事も増えるなど、幅広い活躍をするNAOKIさん。ひとつの椅子でふたつのワークスペースを文字どおり行き来する作業スタイルをとっている。どちらか一方だけの作業ということは少なく、造形作業の傍らでPCを立ち上げておき、常にどちらの作業も平行して行なっているという

●造形／塗装作業スペースはまさに職人のワークベンチそのもの。市販のテーブルをL字にレイアウトし、正面に塗装ブースを設置しその前を作業スペースに。右手に大きめの工具を配置している。奥のデッドスペース部にプラ棒や真ちゅう線などの材料を配置。写真右手のカラフルなタッパーは仕事の作業ごとにパーツを分類し保管されている

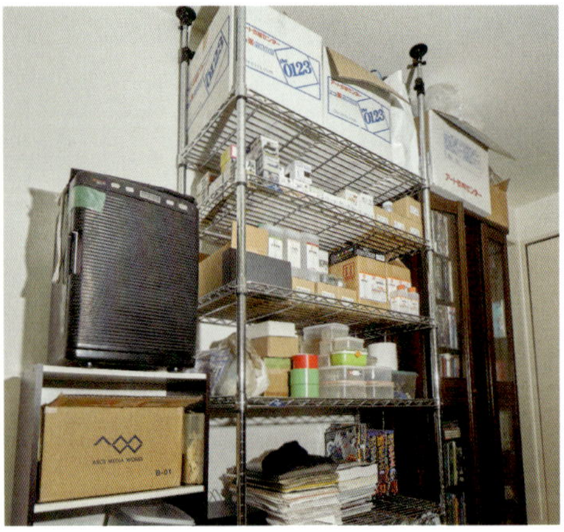

●塗料やうすめ液、溶剤や塗料などの消耗品は日ごろから大量に消耗するので大量に買い置きしており、まるで小売店のよう。これらは在庫に何があるのかを日ごろから把握しやすいような形でストックしている

NAOKI / なおき

キャラクターモデルをメインとするモデラーでありつつさまざまなジャンルを股にかけるデザイナーでもありプロデューサー、ディレクターでもあるマルチクリエイター。模型方面ではツールを中心とした自身のプロデュースブランド「NAZCA」も展開中。

プライベートとは切り離し、効率のよい作業環境を構築

造形作業の傍らでデザイン／イラスト作業もこなすためPCを設置

●アニメ『ガンダムビルドファイターズトライ』ではメカニックデザインも担当したNAOKIさん。作業場にはデザイン作業用のMacintoshを数台と3Dモデリングやプリントなどに使うWindowsマシンを準備している

NAOKI

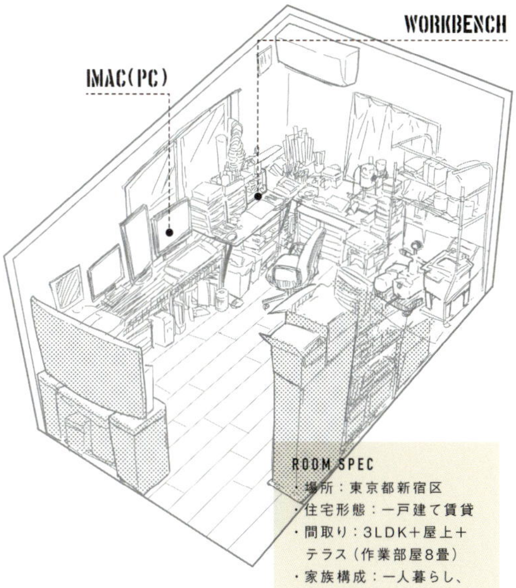

ROOM SPEC

- 場所：東京都新宿区
- 住宅形態：一戸建て賃貸
- 間取り：3LDK＋屋上＋テラス（作業部屋8畳）
- 家族構成：一人暮らし、ペット二匹（猫）

1：塗装ブースは以前はエアテックスのブラックホール　ツイン（絶版）を使用していたが故障したため、タミヤのスプレーワーク ペインティングブースII (ツインファン)を購入。作業のすべてをブースの前で行なうのでライトもこの上から蛍光灯で手元を中心に照らす配置にしている。**2**：排気はダクトに排気口アタッチメントをつけ、窓際に固定。窓ははめ殺しにしてしまい、隙間を布等で押さえ養生テープで固定している。吹き返しや吸引低下を極力おこさないための工夫だ。**3**：卓上の工具類は使用頻度の高いものからこまかくまとめるなど工夫が行き届く。**4**：使用頻度の高い各種プラスチック棒や真ちゅう線はペン立てにさして卓上のデッドスペースを活用して管理。**5**：使用しているコンプレッサーはAIRTEX APC-007 サイレント。モーターがオイルタンクに沈めてあるので稼動時でも騒音35dBという、冷蔵庫並みの静かさを誇る。ハンドピースも数本準備し、用途によって使い分ける。**6**：温冷庫は在庫の冷暗保存ではなく、加熱して樹脂の硬化促進などに使う。こちらも消耗品として交換して使う。**7**：常に増え続ける塗料は、そのほとんどがラッカー系塗料。フロア置きの多段式ストッカーのなかから塗料瓶の高さに合う内高を持つ引き出しのものを選択し、収納している。**8**：レジンキャストの注形作業なども行なうため真空脱泡機も隅に設置されている。**9**：フライス盤はプロクソンを愛用。こういった大型の電動機具も使用する。

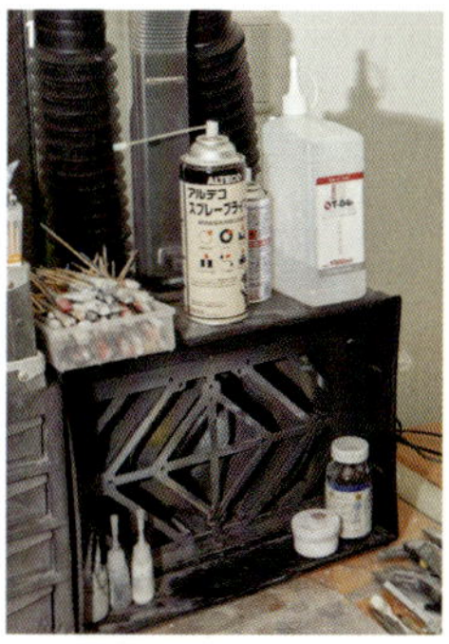

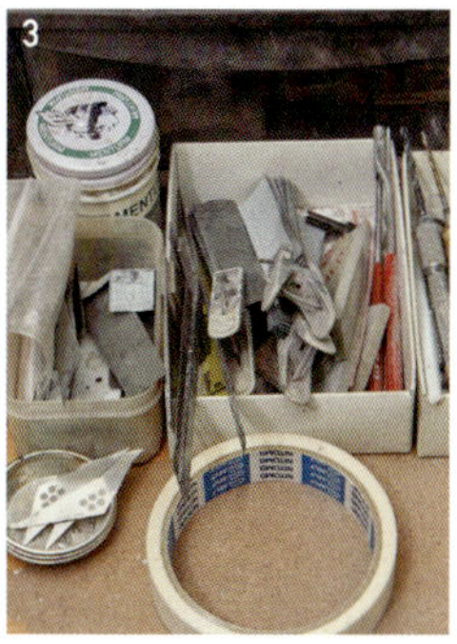

特別な機材を必要とせず、作業に特化させたワークベンチを構成

現在の物件に引っ越して半年ですが（2015年当時）、作業部屋のレイアウトは引っ越し以前の物件からほとんど変わっていません。そう考えるといまのレイアウトになってから6～7年になります。造型作業のほか、デザイン作業などPCを使用する仕事を兼業していてそれらを同時に平行して行なっているので、机を一直線に並べて椅子の横移動で作業を切り替えられるようにしています。なので部屋のかたちは横長が望ましいのでこの部屋を作業部屋として使用しています。

粉塵、換気に関しては切削から塗装までほとんどすべての作業を塗装ブース前で行なっているので塗装ブースの消耗が激しく、ブース自体は消耗品と捉えています。なので備え付けのカスタマイズなどはせずに市販品を買い替えて使用しています。

作業部屋はある程度汚れても構わないと割り切っていますが、リビング等のプライベート空間とは切り離したいので、撮影部屋など仕事関係の部屋はひとつのフロア（3階中2階）にまとめています。が、在宅中は作業部屋にこもっていることが多く、必然的に作業部屋を居心地良くしてしまうので、結局食事と睡眠と猫と戯れる時間以外はほぼ作業部屋にいるという良いのか悪いのかわからない状況に陥っています（笑）■

模型撮影用ブースを別室に常設

●立体／造形物のプロデュースやスーパーバイザーも手がけるNAOKIさんは、立体物の写真を自身で撮影することもしばしば。そのため、同フロアの別室にはトップライトと左右バンクライト、一眼レフのカメラをセットした撮影ブースを常設している。

■机はオーダーメイドの木製一品物。じつは兄のお下がり。天面はフラットで150cmx700cm。その天面を支えるサイド部分は細い足状ではなく一枚板なので、ほぼ揺れ知らず。■椅子は安価で大型の物を適当に選んだが、〆切前は椅子での仮眠も多いので背もたれの大きさが購入の決め手となった。■机上の照明は「YAMADA SHOMEI LIGHTING Z-10B」[Z-LIGHT LED Zライトスタンド ブラック]。LEDは明るさは満足だが、撮影した際の色味がイマイチなのが悩みどころとか。しかし、もったいないので切れるまで使うそう。■棚は安さ優先で組立て式スチールラックだが、奥行きの浅いものに変えたい。■レトロゲームのプレイ専用TVはトリニトロン。「当時のドット絵はブラウン管独特の滲みがないとダメなので!」(岩井) ■この部屋は一見スッキリしているが、通販利用が多いので、収集日にたまった空き箱を出し忘れると大変。作例を詰めた箱や在庫の模型などは生活スペースである寝室にどんどん詰め込んでいるが、こちらは処分できないので悩みどころ

●サイドテーブルは1800cm×450cmのパイン材や2x4材で作った自作品。大型のダイオラマ作品を製作するさいに使用するが、普段は乾燥機のほか雑多なものを置いている。

08 MODELLER'S ROOM

岩井秀 [Professional Style]

HIDE IWAI

商業原型師のアトリエは、自宅二階の一角を作業スペースに

雑誌作例でも活躍する原型師の岩井秀さんは、家族と同居する自宅二階の六畳間をアトリエとして占有して使用している。家庭と造形職場を両立させているのは、やはりしっかりした換気や粉じん対策だった。DIYで工夫されてる様子を拝見しよう

●作業台横には無印良品のケースを使って塗料やうすめ液、ウェザリング用のマテリアルなどを管理、保管している

●メインとなる作業スペースは出窓に合わせて設置した集塵排気ブース（下記参照）とその横に設置したiMacの前。ミストなどが原因でPCが故障したことはない。模型用の資料閲覧はもちろん、単純作業時には動画を流し続けBGVとしているそう

手作り！ 研磨粉も塗装ミストも分別処理する集塵排気ブース

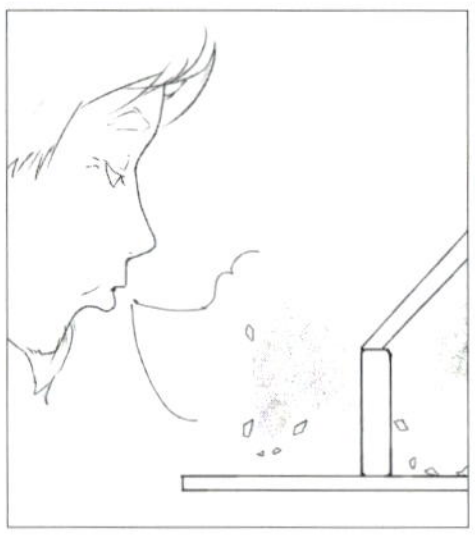

●作業机正面にある出窓に市販の25㎝羽の台所用の換気扇を埋め込み、その手前に自作の木製ブースを設置してブースとしている。これにより塗装ミストはもちろん、研磨作業ででた粉じんも吸い取ってくれる（粉じんは空気の滞留によりブース内に溜まる仕組み）。寝室で寝るとき以外は年中稼働させている。空きスペースの上面にはコルクボードを貼り、資料を貼る場所として活用している

岩井秀 / いわいひで

'73年生まれ。フリーランスの原型師&モデラー。本誌でMa.K.の作例を作るマシーネンボクサー岩井秀としてライターデビュー。現在はアクアマリンのMa.K.プラキットプロデュースも手がける。幼少の頃からプラモデルが大好きでキャラ物、戦車、艦船、飛行機と超雑食モデラー。

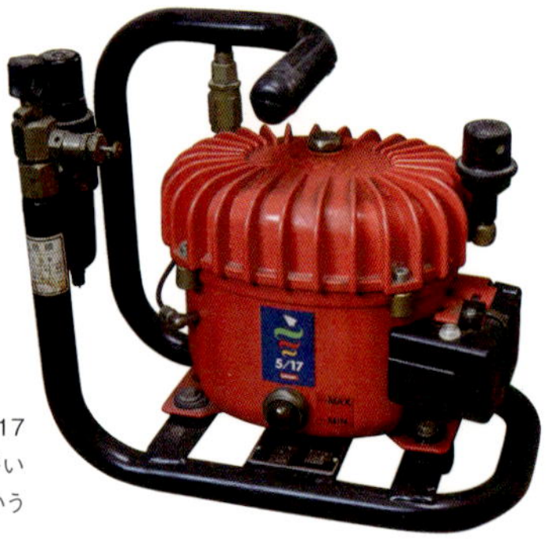

●コンプレッサーは旧型のレトラ5/17を愛用。静音性から愛用者の多いモデルだが、20年無故障だという

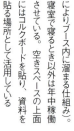

岩井秀 [Professional Style]

08 MODELLER'S ROOM

HIDE IWAI

ROOM SPEC
- 場所：東京都国分寺市
- 住宅形態：賃貸アパート
- 築年数：20年
- 家全体の間取り：3LDK
- 作業部屋：6畳
- 家族構成：自分・妻・娘

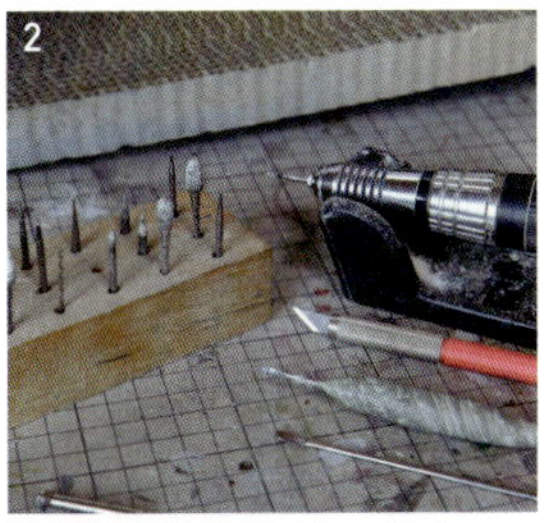

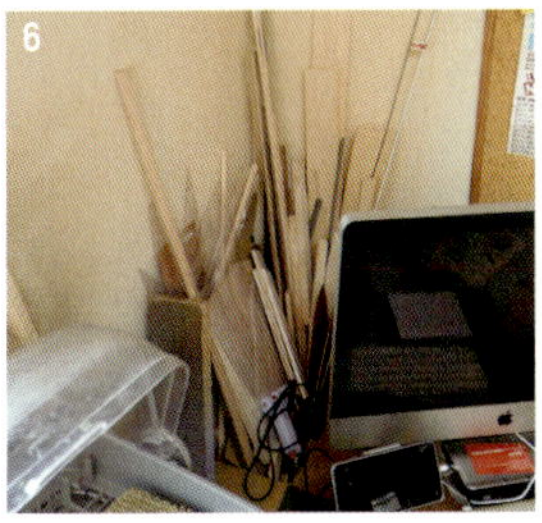

1：道具類は正面の棚に集約している。モーターツールやそのビットもここで管理している。ハンドピースはタミヤのスプレーワーク HG エアーブラシⅢ。ピンバイスは7本所有しているが、タミヤ製がお気に入り。レアなタミヤの蛍光ピンクのデザインナイフもお気に入り。彫刻刀は東急ハンズで購入。2：原型作業はほぼこのリューターで。浦和工業製のミニターネオ／ブラックを使用。手前にあるのは、調色スティックにエポキシパテを盛り、先端部分を削った自作のスパチュラ。3：実家で実母が使用していた料理用のオーブンを譲り受け造形用として使用している。20年くらい使っているがこちらも無故障。4：最近は使用することがない遠心注型機も刃研ぎ機を改造して自作したもの。5：パーツの乾燥には山善の食器乾燥機を使用。6：「思いったったら即作る!」模型用だけでなくDIYにも使うため、多種多様な木材を部屋の隅に備蓄している。7 8：机に備え付けの引き出しは両面テープやエポキシパテの在庫など、材料類の収納に活用している。プラ棒などもここに収納。

「作れればそれでいい」から「より作りやすい」部屋へ

1999年頃に裸一貫で上京してきたんですよ。お金がなくて、いまにも崩れそうなボロアパートの4畳半から出発しました。「模型を仕事にしてやるぞ!」という理由のみで地元・広島から出てきましたので、工具類は持ってきたけど生活用品はほとんどなし。布団もなくて米軍払い下げの寝袋で寝てました（笑）。でも、模型が作れればそれでよかったんです。そういうサバイバルライフも嫌いじゃなかったので、けっこう長く続けていました。けれど、いざ結婚、となったときにさすがにそれは……と思っていたらボロアパートが取り壊しに。立退料をたっぷりもらえましたので、いまのファミリー仕様のアパートに移りました。世の中うまい具合にできていますね。

そのころには夢叶い模型製作を生業としていましたので、部屋選びの基準は「作業部屋として使いやすい部屋があるか」でした。とにかく換気が重要なので「窓が使いやすい位置にあるか?」「外に異臭が流れても怒られない位置か?」を念頭において探しました。いい部屋があっても、隣家と接近しすぎているところは避けましたね。

部屋作りはまず換気扇の設置位置から構築しました。小型の出窓が道路に向いていましたので網戸を取り外して開閉窓を開けっ放しで固定。そこに市販の台所用換気扇を埋め込んでその前に作業机の配置です。換気扇にはフードを木材で自作して取り付けています。フードを取り付けている理由ですが、吸い込み口より吐き出し口を大きくとることで吸引力は大きくなります。掃除機を思い浮かべていただいたらわかりやすいかと思います。なので、吸い込み口は小さめ、フィルターは近所のホームセンターに売っている猫の爪研ぎを流用してます。消耗品なのでいつでもすぐ買えるものがいちばん。高額ではないことも重要です。

以前のボロアパートと違って床が立派なフローリングでしたので、ホームセンターでフローリング柄のクッションフロアを購入して敷き詰めました。塗料やパテの練り余りなど、どんなに気をつけようともこぼれます、落ちます。必ず、です!

最初からこんな感じでしたので家族との折り合いとか、あまり考えていませんでしたが、昔、複製作業をしていたら、臭いにたまりかねた妻子が無言で外に出ていったので、その作業はふたりがいないときにやります。ただ、削りカスは健康的にもよろしくないし、払わずにリビングに行くと妻子に怒られますので、部屋を出るときは服をしっかり払います。それが唯一の注意ポイントでしょうね。■

机にコタツをDIY

●一年中この机で作業する岩井さん。冬場は足下の寒さに悩まされていた。そこで机の中央の引き出しを外し市販のコタツユニットを設置し、米軍払い下げのポンチョライナーでカーテンをして、作業机下をコタツにしてしまった。これで冬場も充分に暖がとれるという

■独身で家族と同居している氏が自由に使えるスペースは自身の自室（寝室）とこの作業部屋のみ。溶剤臭や振動など、作業中は気を使うが、姉が子供を連れてきたときは塗装作業を控える、共用スペースに模型関係のものは置かない、それ以外は、家族との同居ゆえに発生するルールはないそう。■掃除は、掃除機と化学雑巾でこまめに。■壁拭きは水だけで汚れが落ちる使い捨てクリーナー『激落ちくん』（レック）を愛用 ■以前、なにかの拍子に有機溶剤の入ってしまった飲み物を口に入れた苦い（味覚的にも）経験から、フタのついた飲み物以外、作業部屋に飲食物は置かない。■製作記事を担当するときは、作業机の横に撮影スペースを作り、移動する時間を短縮（カメラはCanon製の一眼レフ）。■完成した作品はスペースの都合上と、東日本大震災時に、飾っていた多くの作品が破損した経験から、いっさい飾らずダンボール箱に入れて保管するようにしている。■PCで資料を見つつの作業も増え、自室のPC前で作業することも。PCを汚したくないので作業部屋に置くのは抵抗があるそう

●リフォーム以前は納戸だったという作業部屋は、その名残からから高い位置に大型の棚が並ぶ。大量の模型をストックしておくには恰好の場所といえるだろう

09
MODELLER'S ROOM

上原直之［Professional Style］

NAOYUKI UEHARA

1/35 AFVを作るためだけのプロモデラーの部屋

『月刊モデルグラフィックス』『月刊アーマーモデリング』誌などで活躍する若手実力派のAFVモデラー、上原直之さん。自宅のリフォームにともない納戸をアトリエに改装した空間は、シンプルで清潔に保たれていました

●工作と塗装を完全に切り分けるという上原さん。取材に伺った際には丁度作品の塗装の工程中で整然としていた。これはとりたてて特別な状態ではないという。作業中ながら模型部屋をクリーンに保つ秘訣とは？

製作はひと作品ごと！ 工作？ 塗装でつねに卓上をリセットし 清潔な作業環境を保つ

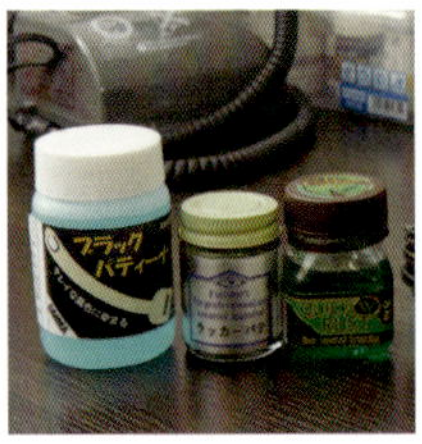

●通常、複数の模型の作業を並行したり、もしくは塗装するなどパラレルに作業をしがちだが、上原さんはひとつの作品が完成するまではほかにはいっさい手をださない（そのために卓上に作りかけのキットが複数飾ってあるということがない）。これは現在作っている作業に集中するためでもある。おもな製作ジャンルがAFVモデルということもあり、まずは徹底して工作を進める。工作が終わるとそこで使った道具類はすべて片付けて別室にしまい、部屋をすべて完全に清掃。そうしてから机を養生し、塗装の準備に入るという。これもすべて作品完成へのモチベーションを保つためだという

上原直之 / うえはらなおゆき

基本的にAFV模型を得意としているが飛行機も大好きで買うだけは買っている。現用車両が大好物でとくにロシア系車両やイスラエル軍が大好物。最近はプライベートでは'90年以降の紛争地域で使用されている車両をメインに模型製作を行なっている

09 MODELLER'S ROOM

上原直之［Professional Style］

NAOYUKI UEHARA

現在、模型製作専用の作業部屋を用意していますが、4年程前までは生活空間である自室と作業部屋を兼ねていました。しかし、眠る部屋で塗装や工作をするのは、正直あまり気持ちの良いことではなく、せめて毎回就寝前に道具などをすべて片付けていたのですが、それもつらく、モチベーションを保つのが難しかったですね。さらにプラモデルを買う量が多くなっていき、部屋がどんどん狭くなって困っていたところ、家をリフォームすることに。幸運にも物置として使っていた納戸を作業部屋として使えることになりました。

まず自室から本棚を移動し、長めの作業机を購入。塗装作業メインの部屋なので壁に換気扇を取り付け、さらにエアコンも設置しました。納戸だったゆえ部屋の両サイドに小さな窓があるだけなので日当たりが悪く、冬は暖房が無いと作業するのは厳しいのです。とはいえ、風通しは良いので、窓を開けて換気扇も回せば臭いで悩むことはほとんど無いです。納戸だったことの利点はほかにもあり、作り付けの頑丈な棚があって、そこにプラモデルを収納できました。それでも在庫の量は膨大なのでお気に入りのプラモデルのみ作業部屋に置きました。残りは、幸いにも家の外にある物置に収納できますので、そのお陰もあって快適な空間を保てていると思います。この作業部屋ができたことで製作ペースもグンと上がり、ここ4年間はモチベーションを常に高く保てています。

これは作業部屋を作る以前から感じていたことですが、モチベーションを高く保つ秘訣はやはり環境を整えることだと思います。きちんと整頓してあるほうが作業効率も良いですしね。また、ひとつのプラモデルに手を出したら完成させるまでほかには手を出さないこともモチベーションを保つポイントです。あれこれ食い散らかすとパーツの紛失や破損、何より飽きてしまう恐れがあるので、ひとつの作品に集中するほうが絶対に完成すると感じています。そしてひとつ完成させたら汚くなった作業スペースを元どおり綺麗にし、次の作品にいつでも取りかかれるようにすること。私は、汚いままの作業スペースでは次に取りかかる気持ちにならないので、面倒でもすべて片付け、気分を一新するようにしています。

今後は、ここに収まりきらなくなってきた本やキット、未分類のエッチングパーツなどの収納や整理、処分が課題ですが、快適な環境を保つことが作品の質に直結するのを実感してますので、がんばります。■

「いかに効率よく塗るか」をつねに模索中

●コンプレッサーのパワーがあることは重要だが階下に家族がいて深夜作業も多いので静音性も外せない。そこで選んだのが、エアテックス製の油圧式コンプレッサー、塗装ブースは設置せず、卓上でナマ吹きしているとのこと。「塗装中は、部屋中にミストが充満しますが、両窓を開けて換気扇を回せば充分です」。さらに缶スプレー塗装は机に設置したダンボール内で吹く。壁は定期的に拭き掃除しているとのこと

モチベーションを保つ秘訣は整った環境にあり

1：机下にはさまざまな塗料が保管されている。在庫から使用頻度の低いものまで一括して整理し、必要によってここから卓上に上げる。2：使用頻度の高い塗料やウェザリング用マテリアルは透明ケースにいれて卓上に。とくにウェザリング用エナメル系塗料などはすぐに取り出せるようにしている。3：PC環境は模型部屋にはおかず、寝室を兼ねた別の自室に設置している。4：作業テーブル奥には一眼レフを三脚にセットしておいておき、いつでも撮影が可能な状態にしている。5：外国製のエッチングパーツやレジンキャスト製のアフターパーツ、フィギュアなどは「パーツ製品は一期一会。二度と手に入らないのが怖いので、見たら買う」とのこと。廊下に置かれた10個近いダンボールに保管している

1

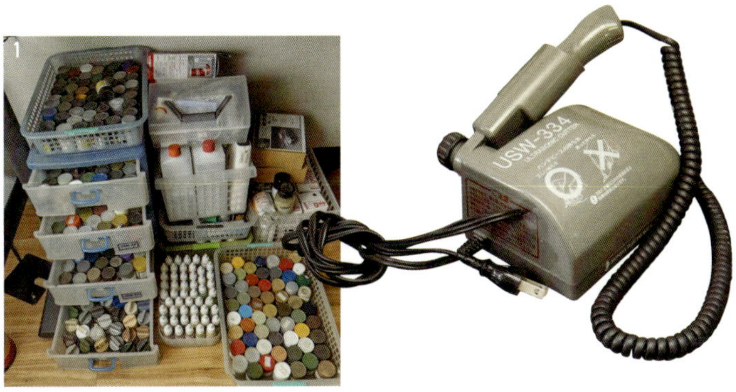

3

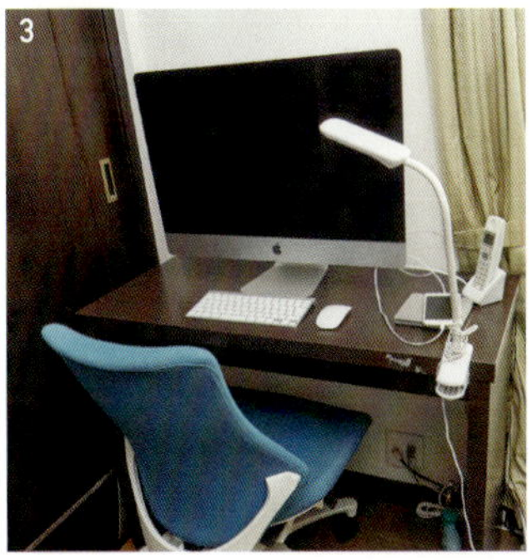

2

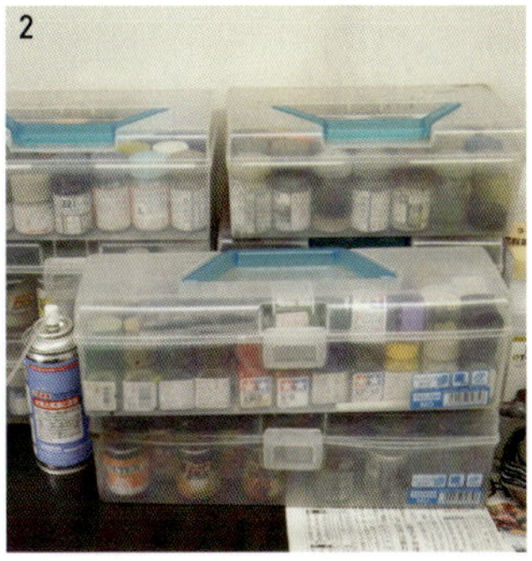

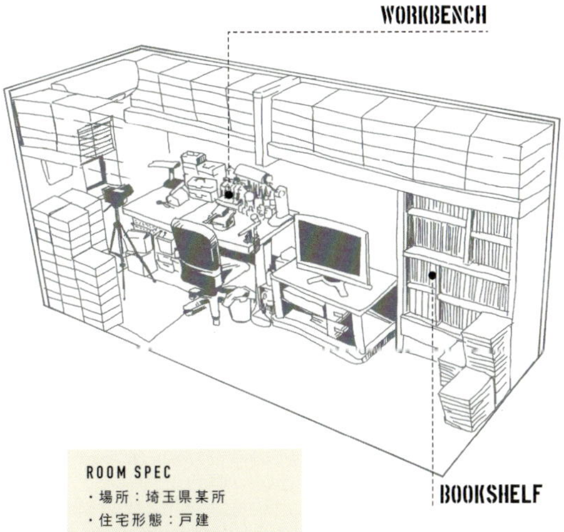

5

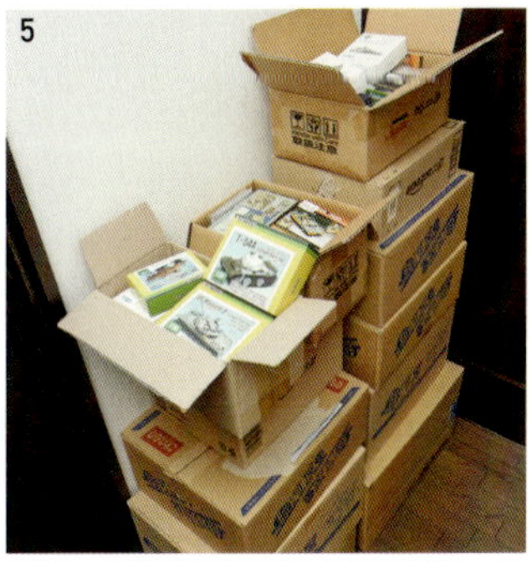

4

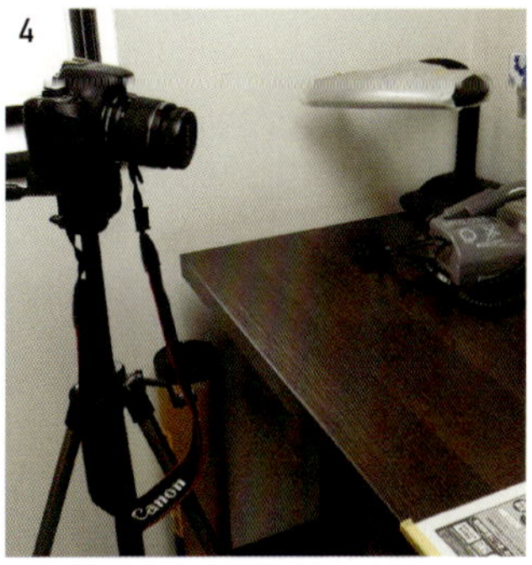

ROOM SPEC
- 場所：埼玉県某所
- 住宅形態：戸建
（二世帯住宅仕様）
- 築年数：20年
- 間取り：作業部屋は
4畳、自室は6畳

※家族と同居

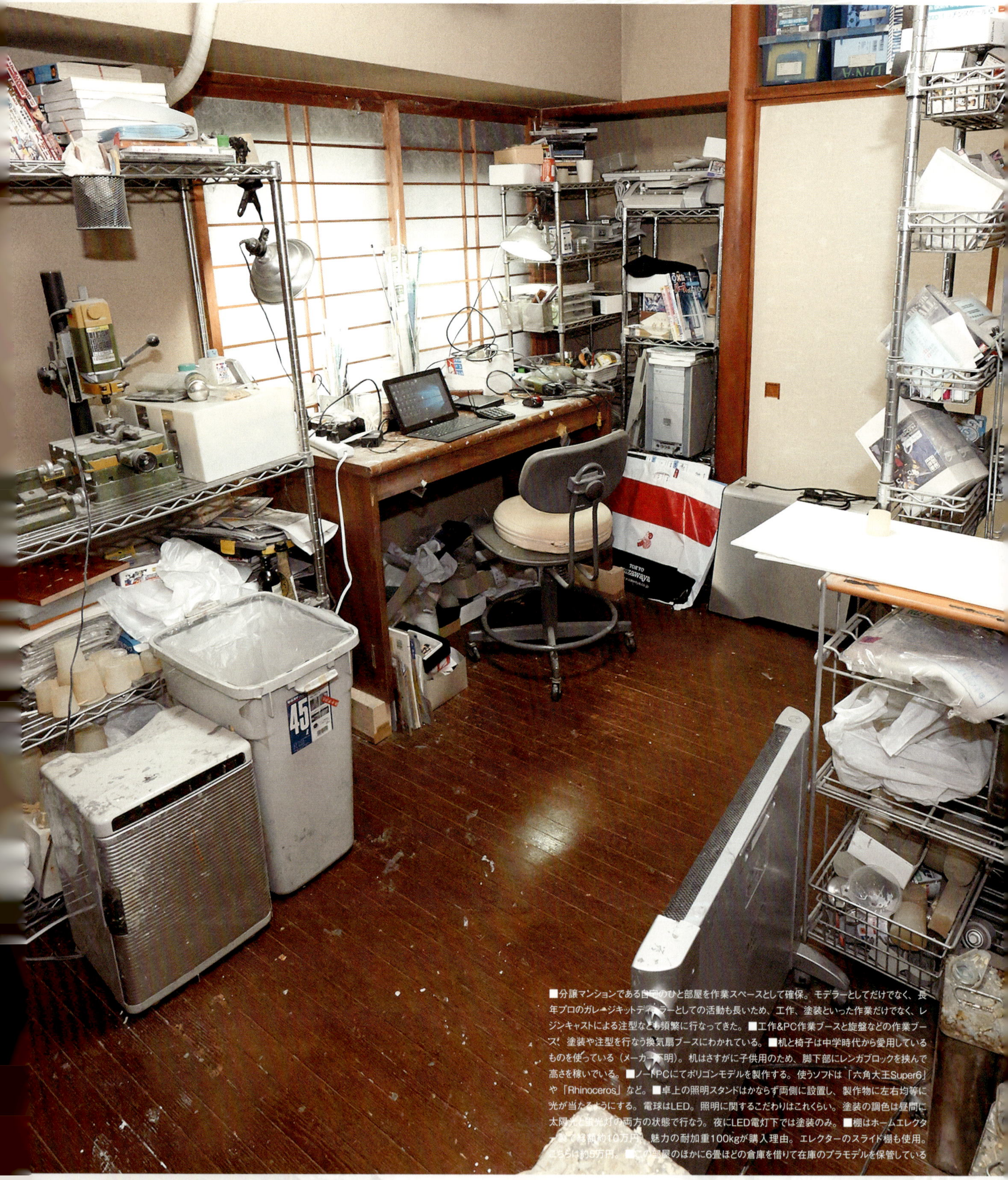

■分譲マンションである自宅のひと部屋を作業スペースとして確保。モデラーとしてだけでなく、長年プロのガレージキットディーラーとしての活動も長いため、工作、塗装といった作業だけでなく、レジンキャストによる注型なども頻繁に行なってきた。■工作&PC作業ブースと旋盤などの作業ブース、塗装や注型を行なう換気扇ブースにわかれている。■机と椅子は中学時代から愛用しているものを使っている（メーカー不明）。机はさすがに子供用のため、脚下部にレンガブロックを挟んで高さを稼いでいる。■ノートPCにてポリゴンモデルを製作する。使うソフトは「六角大王Super6」や「Rhinoceros」など。■卓上の照明スタンドはかならず両側に設置し、製作物に左右均等に光が当たるようにする。電球はLED。照明に関するこだわりはこれくらい。塗装の調色は昼間に太陽光と蛍光灯の両方の状態で行なう。夜にLED電灯下では塗装のみ。■棚はホームエレクター製で総額約10万円。魅力の耐加重100kgが購入理由。エレクターのスライド棚も使用。こちらは約5万円。■この部屋のほかに6畳ほどの倉庫を借りて在庫のプラモデルを保管している

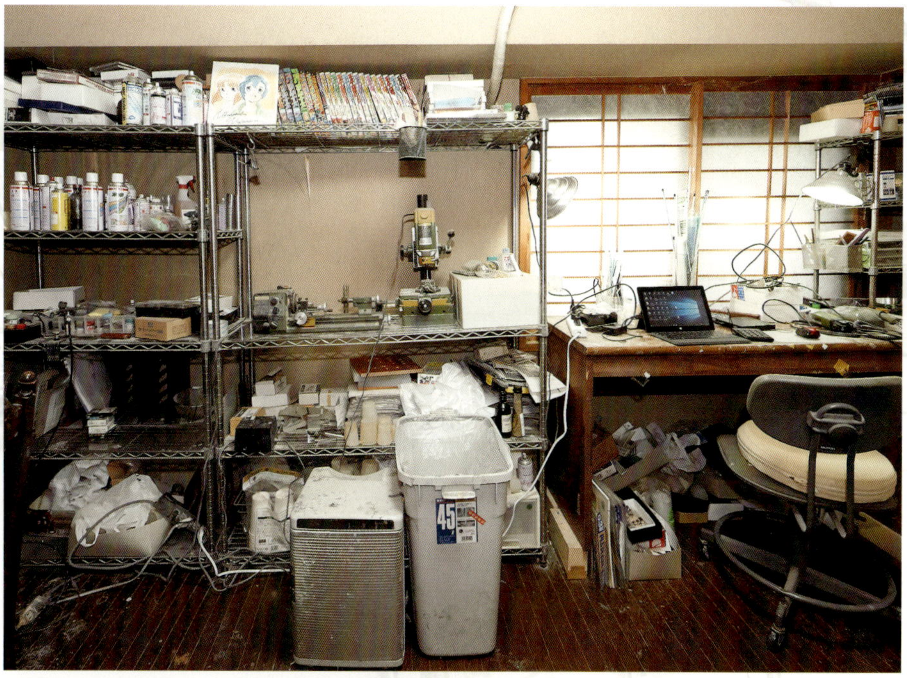

10
MODELLER'S ROOM

柳生圭太 [Professional Style]

KEITA YAGYUU

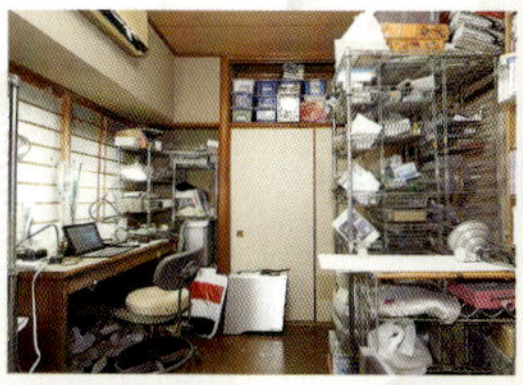

●本来は畳敷きの和室だったがフローリングマットで養生している。イベント前にはスタッフ数人でここに泊まり込むことも

デジタル出力を前提とした造形フローを構築する

良質なガレージキットをコンスタントにリリースするメーカー『ランペイジ』の代表、柳生圭太さんは黎明期から今日まで、デジタル作業を造形製作に積極的に取り入れてきたパイオニアのひとり。さてデジタル化の果ての理想の造形工房とは？

ポイントは自宅に設置したMODELA、合計三台！？

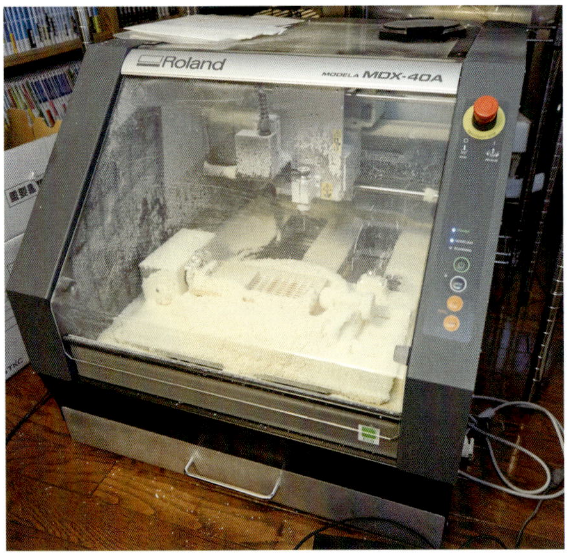

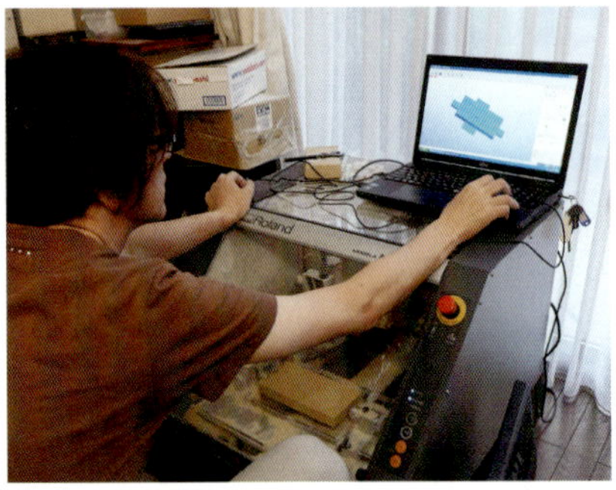

●作業フローの中核をなしているのが切削RPマシンだ。これは3Dデータをもとに“プリント”するのではなく、対象となる切削材料を削りだして立体物を生成するもの（モデルはローランド製「モデラMDX-40A」（回転ユニットつき）。約100万円）。ケミカルウッドやレジンキャスト製のブロックをセットすると、専用のエンドミルと呼ばれる刃がデータにしたがって対象物を削りだす。さらに回転軸ユニットを装着することで切削材料を360度回転させることができ、多面の自動加工が可能だ。このモデラを柳生さんは自宅に3台導入、1台は納戸だが残りの2台はリビングに置かれている。音や振動がほとんどなく家族がいても平気なんだとか

柳生圭太 / やぎゅうけいた

'72年生まれ。合同会社ランペイジ代表。法人としてプラモデルや商業GK（ガレージキット）の設計を行なう。自社開発の一般商品としてGKの販売も展開。一方、個人として各模型誌で作例を発表。デジタル造型を中心としながら手造形の魅力にも取り付かれている。

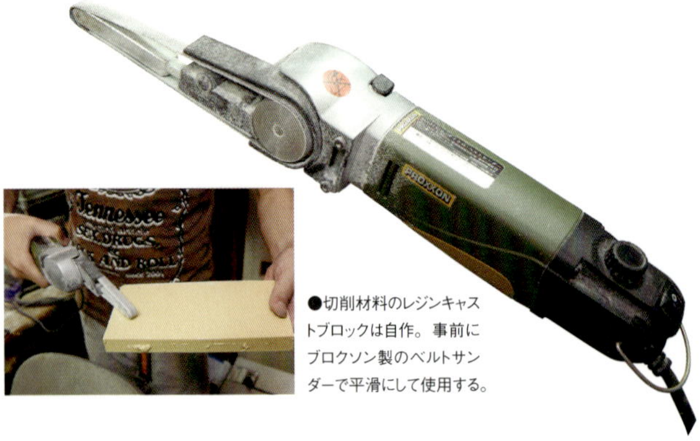

●切削材料のレジンキャストブロックは自作。事前にプロクソン製のベルトサンダーで平滑にして使用する。

10 MODELLER'S ROOM

柳生圭太 [Professional Style]

KEITA YAGYUU

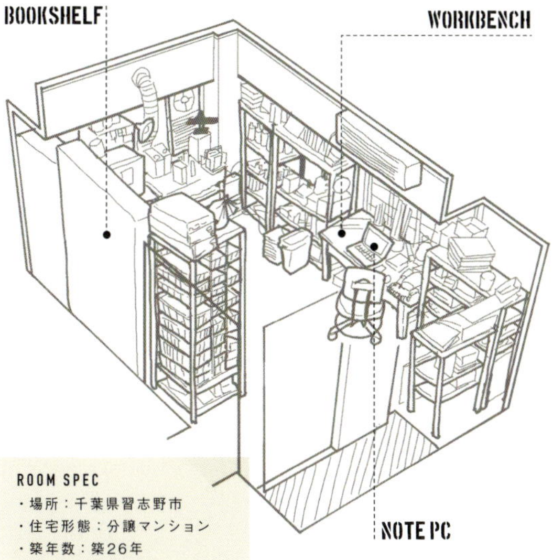

ROOM SPEC

- 場所：千葉県習志野市
- 住宅形態：分譲マンション
- 築年数：築26年
- 家全体の間取り：4LDK
- 作業部屋の間取り：六畳一間

※家族と同居

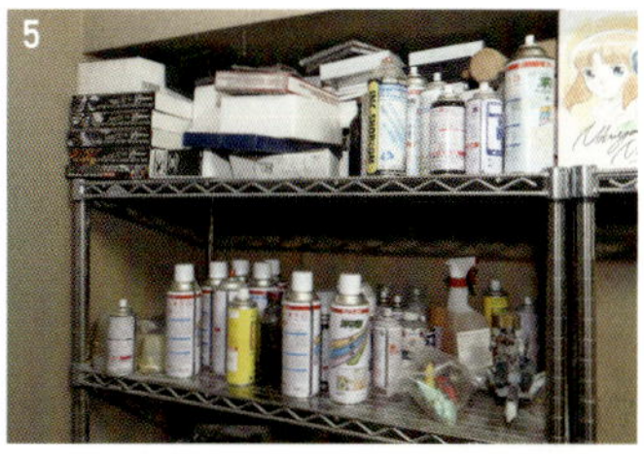

1：真空注型機の「VCE7000」（蛇の目製）。約100万円ほどする機材だがレジンキャストによる複製作業には欠かせない。**2**：アビックス製のポータブル温冷庫。樹脂の硬化にも使えるし、缶のサーフェイサーを入れておけば湯煎せずとも常に適温、適圧で缶スプレーを吹くことができる。壊れやすいので年に1度ほどで買い換える。**3**：金属旋盤はプロクソン製「マイクロレースPD230 No.24004」で約20万円。3D出力品をセットして磨くことも。フライス盤も同メーカーで約8万円で平面出しに使用。**4**：窓をひとつ潰して一般用台所用換気扇（約1万円くらい）を取り付けている。超快適なので換気はこれに頼り切り。ここに向かって直接サーフェイサーなどを吹いても問題なし。**5**：窓際には塗装用の缶スプレーが多数保管してある。**6**：窓際、換気扇のばる場所はレジンキャストの注型など臭気に気を使う作業を行なう場所でもある。**7**:使用するレジンキャスト類も大量なので4〜8kg単位で購入する。**8**：WAVEのヤスリスティックはハード240番と180番のみ。紙ヤスリはタミヤ製を使用。ほかに鉄定規やデザインナイフもタミヤ製を愛用

デジタルを極めるほどアナログの質が上がる

主たる作業部屋は会社にあるのですが、趣味の模型や休日の作業、それと会社だけでは足りない3Dプリンタの出力作業を行なっている自宅の作業場を紹介します。

会社と自宅はPCをはじめ、できる限り同じ環境にはしています。しかし、デジタルパートに関しては作業を分けています。データ量が多いアイテム、複雑な面構成のデータや切削のためのパス計算はパワーのある会社のマシンで計算を行なわないと長時間掛かってしまいますので、自宅では小さなパーツや計算を必要としない2Dライン引きや簡易モデルでのバランス調整程度の作業を行ないます。デカール、パッケージデザインなどのAdobe Photoshop&Illustratorの作業、原稿執筆などは自宅で行ないます。3Dプリンタはハイスペックマシンは不要なので、自宅でも問題なく会社と同様に動かせます。

手作業パートは、基本的にデザインナイフと紙やすり、ピンバイス、タガネ、ニッパーくらいしか使わないので、どちらにも同じものを置き、そのほか必要なものがあるときは都度会社から持ってきます。

自分は3Dプリンタやモデリングソフトは定規やコンパスの延長上の道具だと捉えているので、いままでのアナログ作業と作業環境のなかに自然になじんできました。昔はアナログな手法や工具に凝って、手作業のレベルを上げていくようにしていましたが、デジタルのほうがキレイにできるところは任せて、自分の手作業でしかできない作業、たとえば塗装や微調整の時間を増やすほうが良いと考えるようになったんです。デジタル導入時はAdobe Illustratorで図面を引きプラ板に印刷して削り出し等を行ない、次第に円柱状のものは金属旋盤で加工、プラ板積層をフライス盤で削るようになり、いまでは完成状態まで3Dデータで製作してモデラや3Dプリンタで出力、手作業で微調整という流れに落ち着きました。この流れができてからは機器の増減もなく、作業環境に大きな変化はありません。今後もしばらくは劇的な変化はないと思います。

家族との同居に際しては、レジンキャスト使用時やモデラ切削や塗装時にふたつの換気扇を全開で回す、ゴミ袋は口を縛って廊下に出す、このふたつを守れば問題ありません。家族が就寝中も稼働中の3Dプリンタは、音も振動もほとんどなく仕事的にも増やしたいのですが、削りカスが溜る引き出しを出したり、回り込み操作したりと、スペースが必要なんです。積みプラより、プリンタ置き場確保が悩みの種ですね。■

使っているPCはスタンドアローンで不要なソフトは入れません。

●パソコンはMicrosoftのSurfae Pro2(8GB)。ソフトはRobert McNeel & Associates社のライノセラスとPixologic社のZBrushのみです。画面の解像度を100%のままで使っています。ペンはWacomのものに変えています。だいたいライノで設計していますが柔らかい造形等はライノセラスでラフモデルを作り、ZBrushにインポートして仕上げています。イラストやメモの落書き用に「ペイントツールSAI」を入れてます。あとはtextエディターで原稿を書いてるくらいです。

ちょっと気になるヨソの国

世界の模型部屋から…

ここでは海外の模型誌などで活躍する欧州の外国人モデラーの皆さんに、それぞれの模型製作環境について伺ってみた。主に答えてくれたのがAFVモデラーということもあり、多少日本国内での状況とは異なる部分があるが、それでもそれぞれのライフスタイルと直結しているところが興味深い。また、どのモデラーも専用の塗装ブースを設けていない点に注目し、そのあたりの事情をドイツ在住のモデラー、太刀川カニオさんに伺ってみた。

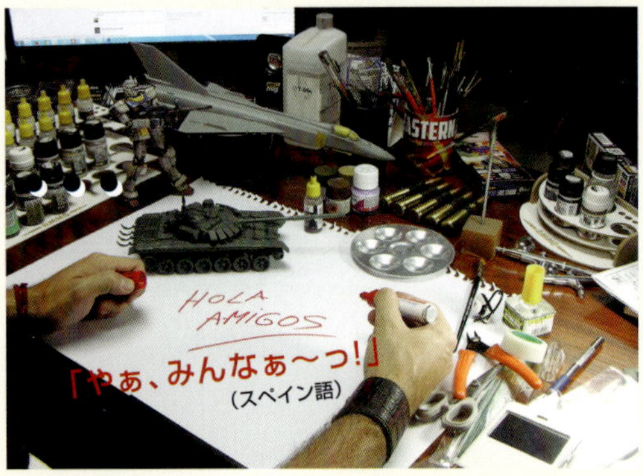

「やぁ、みんなぁ〜っ!」（スペイン語）

01 Mig Jimenez(Spain) ミグ・ヒメネス（スペイン）

●ご存じスペインを代表するスターモデラーで、模型ツールメーカー「Ammo by Mig Jimenez」代表

「仕事の一部なので毎日のように模型は作るが、自分の家では作らないんだ、事務所があるからね。今回の写真は僕が模型を作る作業台と、雑誌や本を読むスペースだよ。その机の前には完成品や作業中の作品の写真を雑誌などの記事のために撮るブースと工具や素材をストックしてあるスペースがあるんだ。

期待していた人たちもいたかもしれないけど、散らかっていて全然特別な部屋や作業台ではないんだよ。がっかりさせてしまったかな?」（ミグ）

▲プロモデラーであり、メーカーの代表も兼ねているミグは、事務所が仕事場兼アトリエとなっている。作品製作のほかに自社製品のチェックやテストも行なうため、机には一連の「Ammo by Mig Jimenez」製品が常備

▼▶机の向かい側には自社製品のチェックブースや本格的な作品撮影用の撮影ブースも準備されている。カタログやwebで使用する画像はすべてここで撮影される

◀「ハポンのみんな、元気かい? もちろん私もモデルグラフィックス読んでるよ。じつはガンダムも好きなんだ」

02 Jose Luis Lopez(Spain) ホセ・ルイス・ロペス（スペイン）

●近年海外でも話題のグラデーション塗装法「ブラック&ホワイト」を考案した気鋭の凄腕モデラー

「最初に作業スペースの写真がほしいと言われたときは少々戸惑ったよ。なぜなら僕はモデラーが作業する典型的な作業机を持っていないからさ。

いまは自分の部屋というものがないのでキッチンで作業しているんだ。周りで妻が料理をして、子どもたちが宿題をやっている横で作業をしているんだ。だから僕の完成品はピザやフライドポテトみたいな匂いがするんだよ。我々のホビーはとても時間を要するので作業中に家族といっしょなのはうれしいしね。

エアブラシを使うときや、臭いのきつい材料を使うときは少し狭いけど屋根の張ってある庭に出て作業するんだ。」（ホセ）

▲最愛の奥さんとのツーショット。模型製作には家族の理解と協力がないと成立しないし、常にコミュニケーションは欠かさないとはホセ。耳の痛いお父さんも多いのでは?

▼本当に作業机がなく、キッチンのテーブルで模型を塗るホセ。作業効率を求めるのではなく、家族と共存できる模型作りを目指しているからこその選択だ

欧州の模型製作環境とは……

文／太刀川カニオ

私の場合、いま住んでいるドイツの自宅では、作業場には常設の塗装ブースは置いていません。最近ではミニチュアフィギュアばかり製作しているせいもありますが、つい最近まで（GSIクレオス Mr.コンプレッサー）プチコンで全部塗装できてたくらい低圧力で限定した吹付けしかせず、周囲に撒き散らすような塗装をしないんです。せいぜい交換フィルター付きで外部に排気しないタイプの集塵機を机の上に置いて使うくらい。よっぽどミストが多くなる場合は窓辺で吹きますし、缶スプレーはテラスで吹きます。

欧州の家庭ではキッチンについているファンもフィルターのみで外への排気をしないタイプが多く使われてます。「換気」扇じゃないんです。油煙が上がるような料理をコンロでやらないからだと思います。肉はフィルターの付いたオーブンか、煙突に直結したストーブと一体型のオーブンで調理するのです。そうなると換気扇が必要ないのです。また、そもそも横開きの窓がないので日本で使われる窓に挟んで使うような型の換気扇は売ってません。そういった食文化からくる部屋に対する考え方の違い、というのはいまの日本と

▲欧州の典型的なキッチンのフィルターファン。よく見ると排気するダクトなどがなく、フィルターを通すのみの構造だ

03 Luciano Rodriguez(Spain) ルシアーノ・ロドリゲス（スペイン）

▲散らかっているといいながらも洗練されたたたずまいや使い込まれたテーブルからは職人の作業場を彷彿させるオーラを感じる。自宅から離れた個室という環境もうらやましいかぎり

●細密な作り込みと描写で人気をほこる、1/48AFVモデル製作をメインとしているベテランモデラー。その巧みな表現力に日本国内でもファンが多い

「私のモデリングルームは自宅のテラスにある小さな部屋です。この小さな部屋には模型製作に必要な物がすべてであり、完成品の撮影を行なうスタジオも兼ねています。製作部屋が家の外にあることはとても便利で、騒音や臭いで家族に迷惑をかけることもありません。

製作机はとても平凡なもので、卓上は常に散らかっています。モデラーというのは散らかった部屋のなかで生活するのが普通になっているのではないでしょうか？　一度部屋を掃除すると何がどこにあるのかわからなくなり、あとで見つけるのに苦労します。

私の完成品の保管方法ですが、ほとんどが海外のどこかに送られて展示されるので個人で所有しているものはありません。たとえば私の38（t）戦車は東京のタミヤプラモデルファクトリー新橋店に展示されていますし、秋葉原のイエローサブマリンでも私の作品を見ることができます。世界の友人たちに送っていない作品は梱包されて私のモデリングルームに永遠にストックされます。というのも私は完成品した作品にそれほど興味がないんです。楽しみは製作することであり、完成してしまうとすぐに興味は次の作品へと移ってしまうのです。

ですので完成品を世界の友人たちとシェアすることが私の喜びであるともいえます。

ほかのモデラーの作品を生で見ることは楽しくもあり、感謝するべきことなので、私の作品を実際に見て楽しんでもらえればうれしいです。

（ルシアーノ）

04 KANIO Tachikawa(German) 太刀川カニオ（ドイツ）

●精巧な作風と緻密なフィギュアでファンを魅了する日本を代表するモデラー。本職の関係で現在はドイツ在住

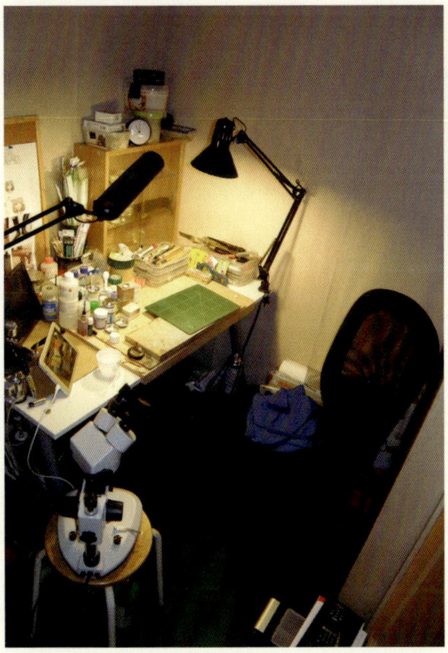

◀広い部屋の片隅を本棚などの家具で仕切り、奥の一角がアトリエに。パソコンは置かずiPadなどのタブレットを使用している。脇には実体顕微鏡も常設しておりコンパクトながら豊かな環境を構築している

ご覧のように居間の一角を本棚で囲って工房としています。この一角だけ壁に両面テープで壁紙を貼ったり、作業マットを敷くなど、汚れ対策をしています。

エアブラシ塗装は外排気のないフィルターブースで机上でやることもありますが塗装ブース自体、ドイツ国内の模型関連の通販では見つけることができず日本で買ってきたものです。

ラッカー系塗料はこちらでは手に入らないので日本へ一時帰国したときに調達するものがすべてです。そのほかの塗料はこちらでは入手可能ですが、模型店が壊滅してしまったいまでは通販に頼らざるを得ない状態です。なのでフィギュアなどの塗装にはなるべくアクリルガッシュなどチューブ入りのクラフトアクリル絵の具を使ったり、プラカラーも原色系を揃えて調合で色を作り、なるべく専用色を使わないようにするなどして色数を増やさないように心がけてます。

コンプレッサーは以前はプチコンですべて間に合ってましたが、いまは作動音がリニア式より小さいオイルフロー型のS－L20Aを使ってます。

なにしろドイツ人は騒音に厳しい。通常、集合住宅では22時以降～7時前は掃除機や洗濯機を使わないのは当たり前。昔はその時間帯はシャワーやトイレの流す音でも苦情が来たとか。

（太刀川カニオ）

▲太刀川宅のリビングの窓。たしかに日本で売ってる窓用換気扇なんてはめられる構造になってませんね……

比べ非常に差があるところだと思います。

また欧州では、模型用の塗料というとエナメル系塗料→アクリル系塗料という流れで使われてきましたので、日本で主流のいわゆるラッカー系の模型塗料を使う文化がありません。会社の同僚でイラストを描くのにエアブラシを使ってる人間がいますが、そういったイラストレーターの方は、塗装ブースを使わないですよね？　塗装ブースを使わない／必要ない、という感覚はそういうことかと思います。

もちろん欧州でも本格モデラーはその塗膜の強さなどから、ラッカー系塗料を日本から取り寄せて使ってる人もいるでしょうが、そういう本格的な人は地下室やガレージの一角に専用の作業場を持ってると思います。そういった部分は日本との住環境の違いがあるからなのかもしれません（私も大量な切粉が舞うような作業や重塗装は会社の工場でやるっていう裏ワザが……）。そういうところも含めての日本との模型製作環境の違いってことになりますね。

シェパード・ペイン御大が名著『How to Build Diorama』のなかで「エアブラシはゴミ箱の上で吹いてる」って書いてますが。こういういろいろな背景があってのそれなんだろうなって思います。■

■大学で講師も務めたピアノの調律師の実父はピアノの部品を作ることもあり、本格的な木工を生業としている。そのため引退後に専用のアトリエを共同で設けることに。■自宅から徒歩数分の場所にモルタルアパートの一室を借用。6畳一間をすべて作業場としている（台所は研磨用の研ぎ石などを常備し、給湯以外は未使用）。■作業机は巨大な木製のものを一台設置（アルミテーブルは撮影用）。そのほかはボール盤や電動ノコギリや大工道具がアトリエの大半を占め、隅々に材料の木材を常備。その隙を縫うように模型用のヤスリ、接着剤、調色皿、プラ材を置いている。■エアブラシ塗装は頻繁でないため専用塗装ブースを設けていない。■電灯は室内、天井、卓上の三本も蛍光灯を使用。■壁は厚手の透明ビニールで養生している。■椅子はピアノ用椅子。鉄筋が入っていて重い。■模型在庫、完成品はすべて自宅に保存している

吉田伊知郎 [Professional Style]

11
MODELLER'S ROOM

ICHIRO YOSHIDA

ピアノ職人の実父のアトリエを乗っ取った
模型部屋と呼ぶには役不足な本格工房

AFV模型専門誌『月刊アーマーモデリング』誌で活躍する吉田伊知郎さんは、ピアノ職人の実父と共同で自宅のそばに別途賃貸アパートを借りて工房を設けている。木工工作用の機材にまじり模型道具が配置された特殊な環境だ

●1Kの6畳洋室一間にはいっさいの生活道具がなく、作業に必要なテーブルや道具だけが持ち込まれている。近隣への配慮はあるものの、家族に気兼ねなく自由に工作や塗装を楽しめる環境だ

●調律師でピアノの製作、修理も行なうお父上が大学で講師をされている際に、職場用にドイツから取り寄せたという大型の木製机。安定した作りと、専用に設計された構造（固定用の木製万力まで設置されている）で大型家具用の木材を切断したり、カンナをかけたり組み立てたりするにはベストな職人用机。模型製作時にもこの机を利用している

逸品！ドイツ製家具職人用工作机

●取材時にはメインの作業台後方にサブテーブルが広げられていた。アウトドアで扱う簡易のアルミテーブルに大判のカッターマットを敷いたものだが、ふだんはしまってあるそう。複数人で模型を作ったり、大型のダイオラマ製作時、写真撮影の際に広げるという

●日立工機製13㎜卓上ボール盤は、父上が退職時に生徒の皆さんからいただいた贈り物。使いやすい高さに合わせてご自身で組んだ木製の台座に乗せてある。ほかにはリョービ製卓上糸ノコ盤なども設置してあり、比較的大型の木工工作でもひととおりこなすことが可能な環境だ。これらの道具は吉田さんの父上が扱う工具類だが、ダイオラマのベースとなる木枠を作ってもらうこともあるという

吉田伊知郎 / よしだいちろう

'73年生まれ。東京都在住。ピアノ調律師を父に持ち'89年米国に留学。'01年アメリカ同時多発テロをきっかけに帰国後、本格的に模型製作活動を開始。姉妹誌『アーマーモデリング』誌でＡＦＶモデラーとして活躍する傍ら、現在は編集スタッフとしても参加

吉田伊知郎［Professional Style］

ICHIRO YOSHIDA

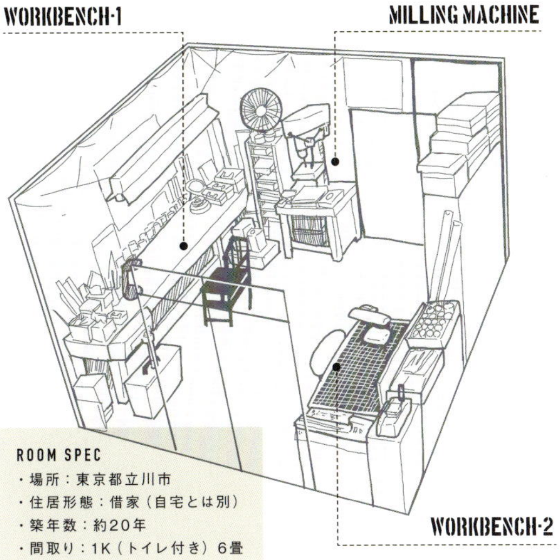

ROOM SPEC
・場所：東京都立川市
・住居形態：借家（自宅とは別）
・築年数：約20年
・間取り：1K（トイレ付き）6畳

1：ハンドピースはアネスト岩田製の0.5mm、0.3mm、0.18mmの三本を使い分ける。**2**：コンプレッサーはイタリアのWerther社 SIL AIR15A。というモデル。タンクやレギュレーターもつき30dbAと比較的動作音も静かで使いやすい。**3**：木製の作業机は壁側が一段下がっているので、そこに溶剤、接着剤などを常備している。部屋が1階ということもあり、缶スプレー類は窓を開けて外で吹いている。**4**：塗料はファレホなどのアクリル塗料を主に使うため手元でケースに入れて管理。いっぽうラッカー系塗料は基本塗装にしか使わず使用頻度が低いので段ボールに入れて机下にしまっている。**5**：炊事場としては使われない台所には山善の食器乾燥機が模型パーツの乾燥機として設置されている。**6**：この作業場にはPCを置いていないので、BGMはもっぱらCDラジカセでラジオをかけている。**7**：ニッパーは匠TOOLS 極薄刃ニッパーとアルティメットニッパーを愛用。ヤスリには3Mのスポンジヤスリを多用するという。卓上のペン立てにニッパーやヤスリ、筆を立てておくだけの簡単整理。**8**：冬場には足下の冷えを緩和するためにハロゲンヒーターと電気マットを設置している

●マキタの業務用掃除機は路上の水まで吸えるというパワフルなもの

「親父……いつも部屋使わせてくれて、ありがとうよ！」

製作するプラモデルは主にAFVなのですが、とりあえずカッコイイなぁ〜と思うものはジャンルを問わずに作ります（完成するかはまた別の話ですが）。なので以前はそれ相応の材料や塗料が知らぬ間に膨大な数になり、自宅の部屋ではとてもまかない切れない物量になっていきました。

そんな状況が続いていましたが、9年ほど前、親父が退職してから完全な趣味のための工房として6畳のアパート部屋を借りたので、私も家賃を割り勘する条件で使用することにしました。当然父親の工房ですので木工用の大型工具類が部屋に鎮座していますし、私も当初はお邪魔する感覚で使用していました。

ところが2年ほど前から姉妹誌『月刊アーマーモデリング』で連載を持つようになってからは、親父と自分との部屋使用頻度が逆転。毎月締め切りがあるため、しょっちゅうこの工房を占拠して作業し続け、あげくに父親に「なんで俺も家賃を払わなきゃいかんのだ……」と言われる始末です。もちろん木工作業場とのシェアですから埃っぽくなりがち。模型にも埃が付きやすい環境です。かといって父親に文句を言える立場ではないので、塗装に入る前には黙って掃除をします。

いわゆる安アパートですので、本来ならば近隣に対して溶剤や塗料の臭いには気を使うところですが、缶スプレーはベランダに出て吹いてしまいます。アパートと同じ敷地に大家さんも住んでおり、なにかと親しくさせてもらっているので短時間ならOK。音大が近く、ほかの部屋の住人も音大生なのでなにかと無頓着で助かっています。

塗装ブースは常設していません。AFV模型は細部の塗り分けやウェザリングなどの汚し塗装など、筆での作業が多くなりますし、エアブラシは基本の迷彩色やクリアーを全体に吹くとき以外ではあまり使わないからです。自分はアンモ・オブ・ミグヒメネスやファレホなどの水性アクリル塗料を使って基本色を吹くことが多いので、臭いも気になりません。ただし使っているコンプレッサーが古いタイプのため、エア抜き時にびっくりするような音がします。夜中に突然サプレッサー付きスナイパーライフルのような音がすると椅子から転げ落ちそうになります。この音だけはなかなか慣れません。

模型作りの環境としてはとても贅沢な環境なのは確かです。これも親父の趣味からの恩恵ですし、ブツブツ言われながらも感謝してこれからも使わせていただきます。って俺もいちおう家賃払ってます〜。■

明かりは長い蛍光灯を一本頭上に

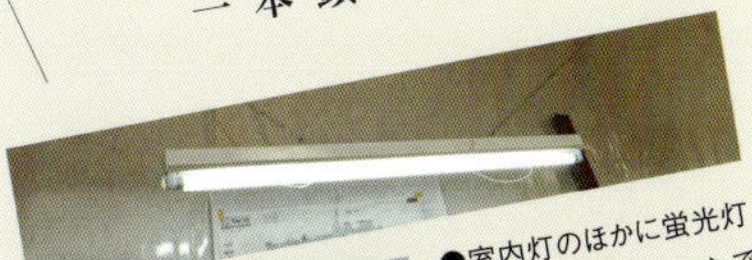

●室内灯のほかに蛍光灯器具を天井からチェーンで吊し、市販の150cmの蛍光灯を作業台直上に設置。これで作業台に充分な光量を稼いでいる。さらに手元用にルーペ付きLEDスタンドライト「L-ZOOM」（オーム電機）も併用している

■1K10畳のシンプルな賃貸アパートの一人暮らし。その一部屋を棚で二分し、模型工作スペースを構築している。■工作、塗料ラックの棚板の下、塗装ブースの3カ所に蛍光灯を設置して手元の明かりを確保。工作スペースにはデスクライトも設置して補助の明かりとしている。■椅子はニトリ製ウェイビー肘付きワークチェアを使用。■机はニトリ製リッケンL型机+リッケン昇降机を使用。座面を低く設置し、上部にスペースをとれるように工夫している。■床は養生として板状のフローリングシートを敷いている。色が白いので紛失時のパーツ探しには便利。■蛍光灯スタンドのほかにむきだしの蛍光灯を合計4本設置し、作業場を明るく保っている

2

3

4

1：部屋奥を工作スペース、中央上段に撮影ブース、窓際周辺には自作の塗装ブースを設け、塗装スペースとしている。2：コンプレッサーはGSIクレオスのL7。以前は父親に譲ずられたタミヤの古いものを使用していたが、壊れたため4年前に購入。3：100円均一ショップで売っている冷蔵庫内用ストッカーは各溶剤をまとめて管理するのに便利。4：菓子やアイスの空容器は小物入れとして活用するため、日ごろから洗ってとっておくという。

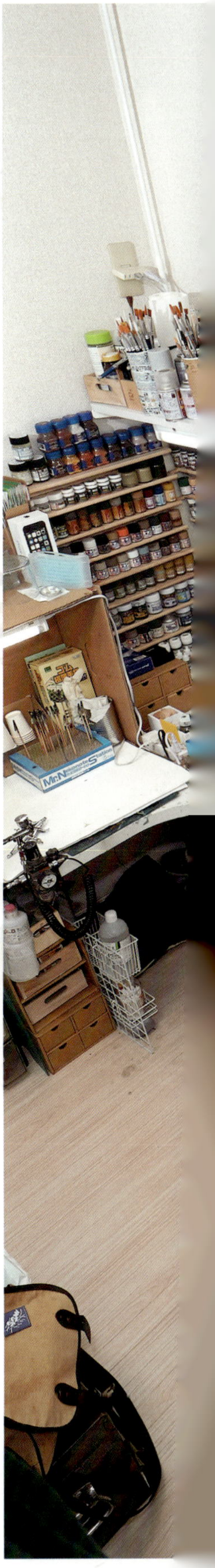

12 MODELLER'S ROOM

野原慎平 [Professional Style]

SHINPEI NOHARA

最年少グランドマスター受賞者の作業部屋 効率よい作品作りを可能とした配置は一見の価値アリ!?

緻密な塗装を求められるAFV模型では、作業が長時間に及ぶこともしばしば。そんな場合模型部屋には居心地の良さも求められます。自宅アパートをまるごと模型部屋にした野原慎平さんは、自分がくつろげる環境を目指しました。

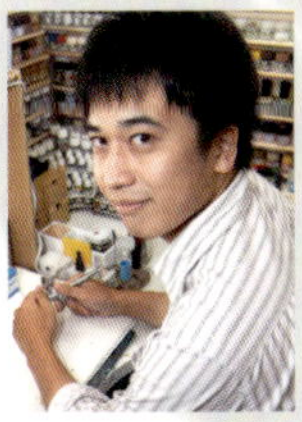

野原慎平 / のはらしんぺい

'92年生まれ。2013年に国内AFV模型コンテストの最高峰、喜屋戦車模型コンテストの最高賞であるグランドマスター賞を最年少で受賞。その後姉妹誌『月刊アーマーモデリング』の編集に携わる。休日はもっぱら部屋にこもり模型製作をする模型オンリー生活

●部屋を二分するため棚を設置。反対側にはテーブルと布団を置いた最小限度の生活スペースとした

12
MODELLER'S ROOM

野原慎平 [Professional Style]

SHINPEI NOHARA

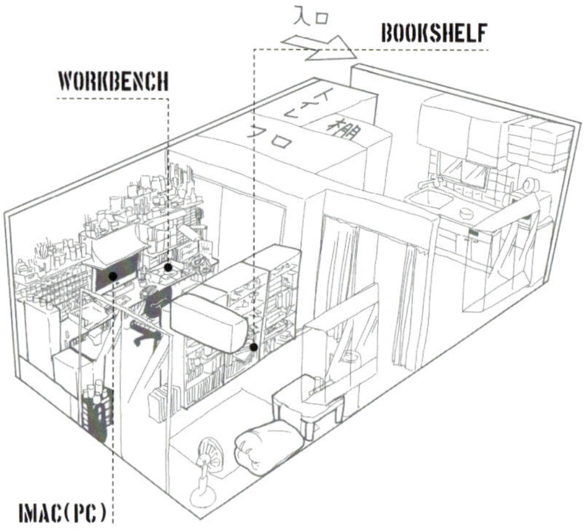

ROOM SPEC
- 場所：千葉県市川市
- 住居形態：賃貸アパート
- 築年数：約25年
- 間取り：1K
- 作業部屋の間取り：10畳
- 家族構成：ひとり暮らし

1：A4サイズの小さな汎用スノコを切り貼りして専用の棚を製作して棚に塗料やウェザリングマテリアルを収納した。窓際には段ボールと換気扇で作った自作の塗装ブースを設置し、窓外に排気しながら塗装ができるように工夫している。
2：磁石テープをベニヤ板に貼り付けたものを壁に設置。金属製工具を貼り付けるように収納している。ヒートペンは戦車のダメージ表現用。
3：エポキシパテ、ニクロム線、ヤスリスティックなどこまかいものは正面の引き出しにストック。
4：窓際に段ボールを設置しその奥に小型の換気扇をセットした塗装ブース。激しく大量にエアブラシを吹くわけではないのでこれで充分だとか。

じつは一人暮らしに四苦八苦。それでも楽しい模型至上生活

京都の実家から上京し、ひとり暮らしをはじめて3年間、この部屋をじょじょに模型製作部屋にしようと試行錯誤しながら現在の姿になりました。そもそもこの部屋に決めたときは模型部屋にすることを意識したわけではなく単に「広い」ことだけが決め手でした。実家でずっと4畳半の部屋で20年間生活していた反動でしょうか……。

しかし模型をいつでも作ることができる環境を作ろうと思うと、もうひと部屋ほしかったかな。仕方ないので、いまは部屋を棚で仕切り、模型製作スペースと食／寝スペースに分けています。

実家では学習机で模型を作っていましたが、置いてきたのでL字型の机を選んで購入しました。しかし使っているうちに広さが足りず塗装と工作のローテーションがうまくできずに不満だったので、同じシリーズの長机を購入して拡張、窓側を塗装作業用、奥側を工作用として使い分けることができるような環境にしました。卓上の棚は突っ張り棒に棚受け用のレールを付けて棚板を橋渡しにし、机の上の空間も利用できるようにしています。そこに祖父が使っていた引き出し付き工具入れを積み上げ、道具類を収納しています。

塗装側には100円均一ショップで売っているスノコと角材を組み合せて自作した塗料用ラックを設置しました。塗料ビンは収納棚にしまい込んでしまうと、ついつい使いそびれて状態を悪くしてしまったり、在庫があるのに購入してしまうなど、トラブルのもとでした。しかしこうやってディスプレイを兼ねて収納しておくと塗装時、とくにウェザリング時に感覚的に手が伸びるので、作業に集中できるのがいいですね。作業中は、道具や塗料などを探す手間を減らすのも作業時間短縮のコツだと思います。

一方、塗装ブースはダンボールに直接換気扇を取り付けただけのもの。粗末な作りですが、家電用ダンボールだったので意外と丈夫なことと、汚しても気にならないところがお気に入りです。サーフェイサーや基本の車体色、シェード色を吹いたりするだけなので、これで充分です。

工作と塗装スペースのあいだにはパソコン、その上段に撮影ブースを設けています。この配置ですと、工作だろうが塗装だろうが作業中に資料画像も見ることができますし、途中写真も撮影が可能です。

キットの在庫は棚の上や押入れにメタルラックを入れて積んでいるのですが、実家から運んできた積みキットを処理できないまま、さらにその上に新しいキットが積み上がっている状態。引っ越してきてまだ開けていない衣類の入った段ボールがある状態なのに、在庫キットばかりが増えて困っている状態です。■

●TAKOM 1/35 ソビエト 重戦車 オブイェークト279付属のフィギュアも手慰みに製作

iMacを作業テーブルに組み込み資料閲覧に

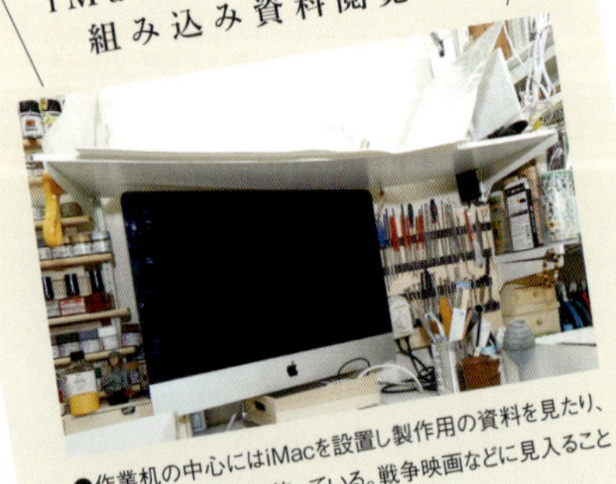

●作業机の中心にはiMacを設置し製作用の資料を見たり、BGM、BGV鑑賞用に使っている。戦争映画などに見入ることもしばしば

MODELLER'S ROOM

"AMAZING" STYLE

YUUKI TAKAKU
GENPACHI TOUKAIMURA
DOROBOUHIGE
[ABOUT FURNITURE]
HIROMICHI ARISAWA
YASUHIRO TAKESHITA

模型趣味にかぎらず、そのチョイスや使い方自体が魅惑に満ちた人達。模型／模型部屋でもその部屋自体が、その人物を表すかのような不思議な魅力とファニーさに溢れている

■ビルのワンフロアがそのままひと部屋になっているというレアな物件を発見し、内覧後に即契約。ソファーとテレビのあるリビング的な空間でありながら、部屋の奥にはゴリゴリの模型用作業スペースが。立地の問題なのか、友達が遊びに来たりDJブースが稼働して呑んだくれることもあるし、簡易的にベッドが出現して客人の宿になるなどユーティリティーに溢れた活用がなされている。また、けっこうな広さのバルコニーが付いているので夏は肉を焼いたりプールを出したりしてカオスなのだ。■物件は全部で4F、5Fの2フロアからなり、寝室やキッチン、トイレなどは階下の4Fににある。四方がオフィスビルなので音や匂いについてはかなり無頓着でも大丈夫そう。商業地区ならではの贅沢な環境と言える

●リビング以外の生活空間が階下という特殊な構造のため、
気兼ねなく模型製作が楽しめる。3方に窓があるので換気も容易だ

●リビングのドアのそとはすぐに階下への
ビルの階段という不思議な物件

13
MODELLER'S
ROOM

高久裕輝［Amazing Style］

YUUKI TAKAKU

雑居ビルの珍物件、1フロアのリビングに作業スペースを併設

世の中には不思議な物件というものがあり、それに出会うことで実現できる生活スタイルがある。都心の商業地ながら模型を主体とした生活をおくることができる謎の物件に住んでいるのは(株)マックスファクトリーの髙久裕輝さん。そのストレンジな住居とは？

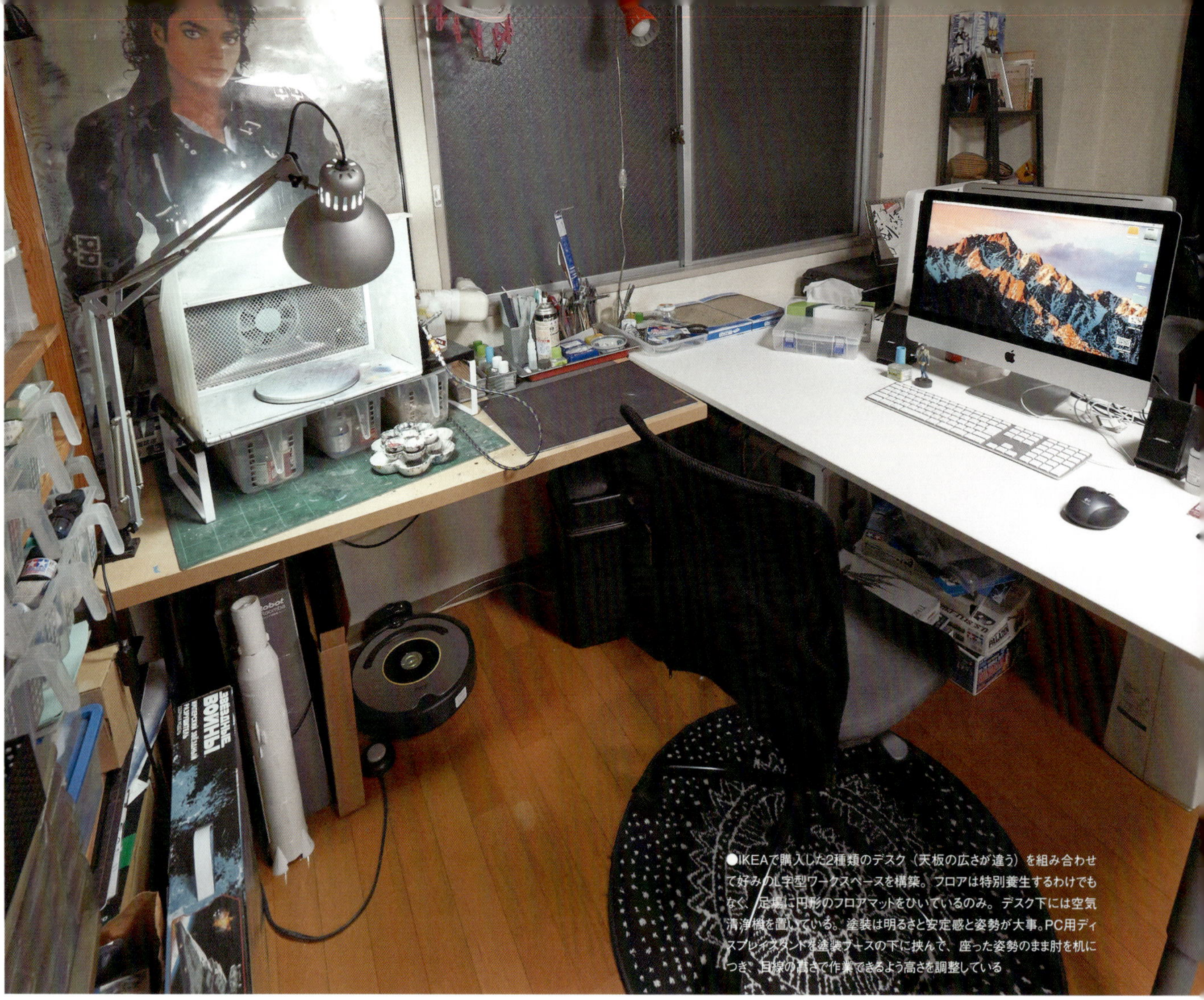

●IKEAで購入した2種類のデスク（天板の広さが違う）を組み合わせて好みのL字型ワークスペースを構築。フロアは特別養生するわけでもなく、足場に円形のフロアマットをひいているのみ。デスク下には空気清浄機を置いている。塗装は明るさと安定感と姿勢が大事。PC用ディスプレイスタンドを塗装ブースの下に挟んで、座った姿勢のまま肘を机につき、目線の高さで作業できるよう高さを調整している

シンプルイズベスト、広い机で
大型模型製作も楽々!?

●ロボット掃除機ルンバを愛用。
ふだんはテーブル下に潜む

高久裕輝 / たかくゆうき

月刊モデルグラフィックス元副編集長。現在は転職先のマックスファクトリーにて巨大な戦車や可変戦闘機などの企画開発そのほかモロモロを担当しつつ、会社でもプライベートでもプラモデルを作り倒している。模型にいちばん大事なのはスピード感だと信じて疑わないタイプの飽き性モデラー

高久裕輝 [Amazing Style] YUUKI TAKAKU

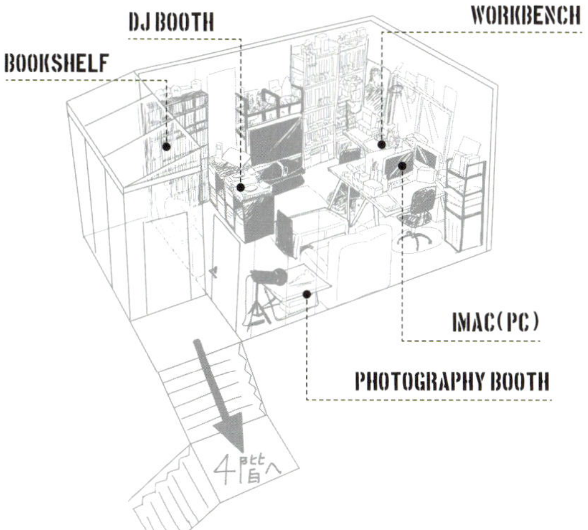

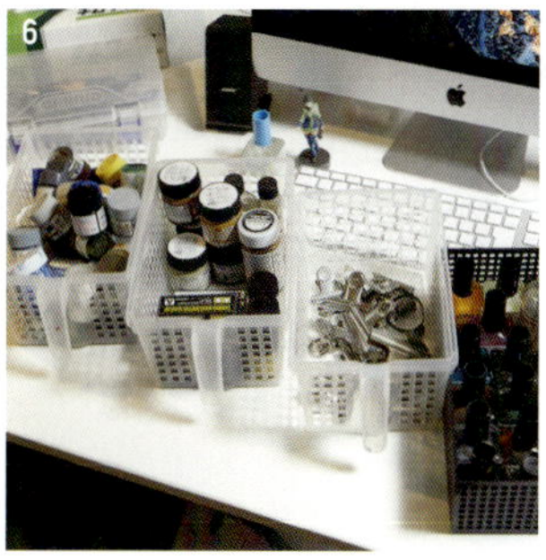

1：塗装ブースはアネスト岩田キャンベルのマジカルサクションを使用。排気ダクトは直角に曲がって窓から出せるようエアコンの配管カバーで改造し、ブース裏の空間を有効利用。2：刃物類はPP製の工具ケースに収納しているが、筆やヤスリ、綿棒などは金属トレイにまとめて収納。瞬間接着剤のノズルは常時新品に付け替えるので大量買いして小鉢に備蓄している。3：塗装の持ち手や塗料の撹拌にガンガン使えるのが「アメリカンドッグ用木串」。割り箸よりも太くて丸くて短いので取り回しも抜群。合羽橋（問屋街）で大量買いするのがオススメだ。4：マスキングテープの予備や番手のこまかい耐水性サンドペーパー、飛行機模型用のオモリなど「使用頻度は低いけどいざというときにないと困る」というものは分類して収納しておく。5 6：ウェザリングカラー、目玉クリップ、ウェザリングマスター、ウェザリングペーストなどもケースにまとめ、必要なものだけ出し入れ。戻す棚内の位置を明確化すると整理も楽になる。7：コンプレッサーはGSIクレオスのL5を愛用。机の下のダンボール（ルンバの箱）の上に置き、ホースは奥側からデスク上に回すと足や腕にひっかからなくて快適に作業できる

ROOM SPEC

- 場所：東京都千代田区、秋葉原からほど近いけど静かな一角
- 住宅形態：雑居ビルの最上階メゾネットタイプの賃貸物件
- 家全体の間取り：2SDK
- 作業部屋：16畳
- 家族構成：ルームシェア

「アキバの街がオレの模型棚」模型部屋の上位概念とは？

平均的なサラリーマンよりも引っ越しの回数が多いせいもあるのかもしれないんですが（これも趣味か？）、引っ越しのたびにうんざりするのが「積んだプラモデルの量」なんですよね。軽くてかさばるダンボールを何箱も何箱もトラックに積んで、新居でまた埃っぽい箱を棚やクローゼットに押し込む……というのを何度も繰り返しているうちに、「在庫は店にもあるぞ！」というあたりまえのことに気づいたんです。

で、「いつでも買える定番アイテムは秋葉原に行けば絶対手に入るし、塗料も接着剤もほしいときにすぐ買えるし、なんなら職場からも近いし、いちど在庫を全部手放して、秋葉原に住んじゃえ！」というのがいまの住居の基本的なコンセプトです。

……と言うのは簡単ですが、秋葉原界隈で広い作業スペースのとれる安い物件などそうそうありません。毎日毎日居酒屋でビールを飲みながら不動産情報サイトを漁っていたところ、「70㎡メゾネットタイプ、雑居ビルの最上階はワンフロアぶち抜きワンルーム」というかなり珍妙な賃貸住宅を発見。ふたりで住めば平均的なサラリーマンの家賃に収まると見て、速攻で内覧を申し込んで契約したのでした。ラッキー。

真四角の大きな部屋なので、同居人とデスクを向かい合わせにしながらも夢にまで見たコの字（L字に組んだデスクと壁面収納）のワークスペースを確保し、ひたすら効率的に模型が作れるようツールやマテリアルの収納レイアウトをちまちまといじっています。模型製作中はどうやっても机の上がモノでいっぱいになってしまいますが、使う道具を最低限に絞って定位置を決める（これもそれなりに作業スペースまわりに収納がないと実現しないのですが）ことで比較的片付けが楽になった気がします。

また、コンプレッサーと塗装ブースの電源はフットスイッチを介して一体化し、ワンアクションで塗装の準備が整うようにしたり、足元をケーブルやホースが這わないようにしたり、とにかく引っ掛けたり倒したりする事故を減らす工夫をしています。

なにより「秋葉原まで徒歩圏内」というのは想像以上に便利で、買い物も出勤も打ち合わせもノーストレスになったのが大きいと感じます。住居スペックとしては「やたらと寒い」「微妙に揺れる」という欠点もあるにはあるのですが、いままで住んだ家のなかではベストな環境だと思います。

いや、「プラモデルと一生付き合うために、プラモデルが大量に溢れる街に住まう」っていうのは、モデラー向きのマンションポエムみたいでなんだか憧れませんか？ ■

撮影ブース＆モノブロックで撮影も完璧

●プラスチックモデルの
パーツやランナー、立体
物の完成品やそのほかオ
モチャ雑貨などをいつでも
撮影できるよう白＆黒の
背景紙とモノブロック（電
源一体型ストロボ）を部屋
の一角に常備している。）
簡易的に見えるが、この
環境でスタジオ撮影に近
い写真が撮影可能だ

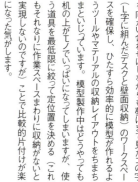

■4部屋&廊下をぶち抜いた1フロア60㎡の空間すべてが居住空間であり&仕事部屋。■フロア中央に構えたふたつのテーブルで模型製作や作画、原稿執筆などを行なう。■作業机はホームセンターで購入した組み立てアングル材を組み合わせて骨格を作り、1200㎜×60㎜のパイン集合材を天板として乗せて使用している。■塗装ブースは特別設けず換気しながらテーブル上で吹きっぱなし。■ハンドピースはタミヤのダブルアクションボタン式。0.3㎜と0.2㎜を併用。■コンプレッサーはオリンポス アドコン2002を数十年使用。■各壁に棚を作り付け蔵書や在庫キットなどを保管。■写真奥の空間に布団を敷いて就寝。■風呂はなく、キッチンは製作途中のため100%外食&銭湯。

14
MODELLER'S ROOM

東海村原八 [Amazing Style]

GENPACHI TOUKAIMURA

私塾 模型の王国 / 浅草物件の2階の魔窟！

都下に古い二階建ての家屋を購入し、DIYで住居兼模型作業部屋を作っていると聞けば、どれほど酔狂かおわかりいただけるだろう。東海村原八さんの自宅でもある、レンタルスペース「浅草物件」階上の作業部屋を覗かせていただいた

●階段を上がった上では、壁や天井は剥がされ、梁の各部に白熱灯が配置されている。非常に広い空間が特徴だ

●アングル材を組み合わせて作った作業机は自在に寸法が選べるのが強み。作業道具はテーブル上の筆立てに出してあり、特別に収納を設けていないる。室内灯のほかに使用している電灯は無印良品の蛇腹式アームライトに白熱電球とアルミ板を曲げた手作りシェード。かなり発熱するので冬は手元の暖房代わりに。椅子は撮影スタジオインタニヤで見かけたものと同じものを20年愛用

充実した模型ライフのために 模型用一軒家を買おう!

●こちらは並びのパソコン仕事用テーブル。使用している椅子はお寿司屋さんのカウンター椅子の足を自分でカットしたもの

●寄る年波には勝てずヘッドセットタイプのルーペを愛用中

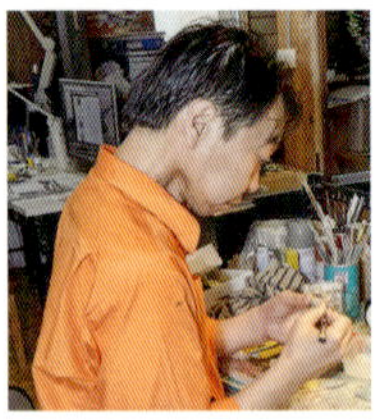

東海村 原八 / とうかいむらげんぱち
(模型の王国)

'68年生まれ。本誌ではキャラクターモデルの作例やアイデアスケッチを担当。ガレージキットから食玩、プライズ景品など時代にあわせていろいろな原型も製作。専門学校の講師を経て自前のフィギュア教室『模型塾』を2004年から主催。別ペンネームは若島あさひ

●電動ノコギリ片手に棚を作ったり(在庫キットが棚から溢れ、収納する場所がなくなった場合も棚を木材で増築)屋根に登り、断熱材を自分達で塗布したりと、自宅内外をカスタムしている。●しかし問題は水まわり。中古のステンレス製流しやキッチン棚を入手し、台所設置に着手するものの、設置した換気扇の下に段ボールを置いて缶のサーフェイサーを吹きはじめたところ「これはこれで便利なので……」と中断

東海村原八［Amazing Style］

GENPACHI TOUKAIMURA

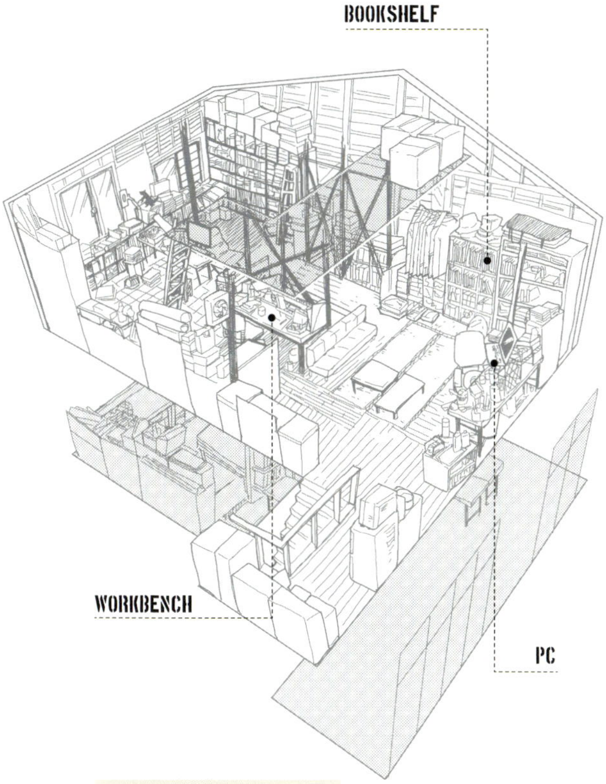

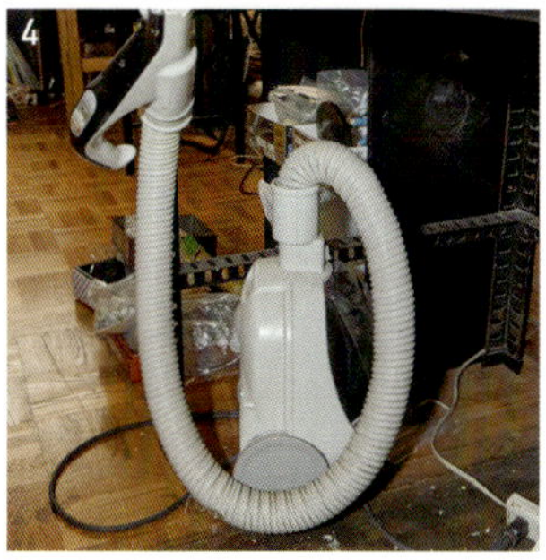

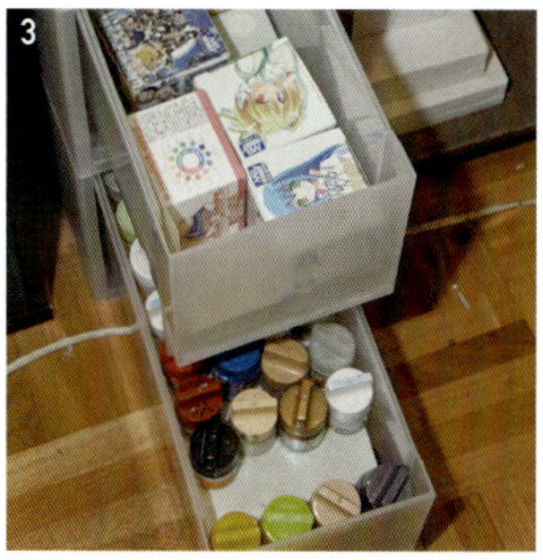

1：卓上には使用頻度の高いナイフや彫刻刀、ヤスリなどをペン立てで管理している。2：裸電球のランプは集光のため、アルミのシェードをかけている。冬は暖かいとのこと。3：原型仕事がメインということもあり、塗装する頻度も下がっているため、塗料は引き出しにすべて収めておき、使用時にまとめて出す。4：集塵用掃除機を作業テーブルの下に配置し、随時手元の削りカスなどを吸い取る。5：部屋の一角にはさらに屋根裏部屋へと通じる階段が設置されている。ふだん使わない衣料や寝具、在庫などはここから出し入れされる

ROOM SPEC
- 場所：東京都台東区
- 住居形態：2階戸建て（住居兼作業場）
- 築年数：不明
- 間取り：120㎡（解体して使用）
- 家族：同居人と二人暮らし

「癒やされる大人の古民家」といえば聞こえがよいが、一軒家まるまる模型部屋

『模型の王国／浅草物件』と名乗っているこの建物は1フロア60㎡の2階建て＋屋根裏少々、築年数不明の、いわゆる〝古民家〟改造職住一体スペースです。1階は私が毎週土曜日に開催している、フィギュア原型の作り方などを学べる私塾『模型塾』に使用。それ以外はレンタルスペースとしてWebサイトで告知&貸し出してます。

ここの2階がふだんの仕事&生活スペースで、ここに布団を敷いて住んでます。この近辺は、もともと戦後のバラック街だったのを住民有志で土地の権利を買い上げて合法化。戦後の再開発やバブル期も乗り越えて、東京都心浅草の繁華街のすぐ裏手にタイムカプセル的に、リアルナンジャタウンというか三丁目の夕日的な路地裏が残った一角。ちなみに、元の大家さんは大陸から引き揚げてきて、この建物の一角で餃子を焼いていたそうで、言われてみれば屋根裏の真っ黒な梁からはほんのり脂の匂いが……。その大家さん、長屋造りのお隣さんが引っ越すたびに、買い増しては壁をブチ抜いて一体化、魔改造を繰り返して都合5軒を魔合体！　なので部位ごとに築年数が違うし、家のなかにコンクリートの外壁が残ってました。私が買う直前には、料亭の若い衆の寮（2階に4人）＋倉庫（1階には200V仕様の業務用冷蔵庫）として使っていたのを、リタイアとともに手放すことに。そういう不動産商品としてはややこしい物件ゆえに、都心の一等地とは思えないビックリ価格、建坪120㎡、駅徒歩5分の一戸建てを1900万円でゲット！

さて、住むために最低限のリフォームを、と思い元寮だった2階の部屋の内装をバラしたら、オシャレ古民家な丸太梁や杉の野地板も出てきて「ふわーお♪」。これだけ広くてボロい（笑）と、もう気兼ねなくなんでもできるので、電気ノコギリや材木も買い込んで、好きなように追加工作。素人施工なので、仕上げはそれなりですが、幸いいまは「シャビーシック」っていうボロボロ古材みたいなのもはやってるので、1／1スケールの汚しを入れる感じで、チッピングなんか描き込んだりねー。

なので模型の作業スペースや在庫を積んでる棚は、結果オーライで手に入った感じで、あんまり工夫や片付けはしてません。作業机は以前の部屋から使ってる、鉄の棚用アングル材＋集成材をホームセンターで切ってもらった自作そのまま。逆に以前はがんばって自制してた積みプラ在庫が、収納スペースできたせいで、じわじわ増えているのが問題かもしれません……　■

街のレンタルスペース『模型の王国／浅草物件』

●二階は魔窟と化した模型の王国の本体でしたが、下のフロアは整頓されたレンタルスペース。もちろん模型製作OKの空間なのでモデラーの会合に使うもよし、ちょっとした模型合宿に使うもよし。インターネット配信用の回線も完備しており、そうした利用も増えている。「オタク大賞マンスリー」や『モデルアート』誌「プラモ作りは見てナンボです!」のニコ生の配信もここから行なわれている。営業時間も規定がないので相談にものってもらえるぞ。詳細は下記のURLから公式Webサイトにアクセスしてご確認ください

『模型の王国／浅草物件』
- ●54㎡（16.3坪）、6m×9mのフリースペースです。
- ●教室、講演、会議、模型作業などに
- ●料金；1000円／h
- ●事前の下見や見学も受け付けています。

公式Webサイトhttp://modelkingdom.net/
mail:genp@mx3.ttcn.ne.jp

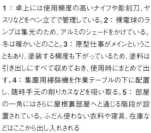

■郡山の住宅地に設けている戸建ての自宅、その二階にある納戸がどろぼうひげさんの作業スペース。■納戸を改造したこの模型部屋は基本的に模型工作専門。別途廊下に本棚を確保し、資料や模型誌などはそちらで保管している。灯りはトップの丸蛍光灯のほか、工作手元用と、塗装ブース用にそれぞれ市販の蛍光灯を設置。■椅子、机も特別なものではなく安価で使いやすいものを選択している。■塗装ブース、コンプレッサー、エアブラシ、リューターなどはすべて電源に繋ぎ、手元のスイッチでON/OFFを可能としている。■壁にぶら下がっているビニール袋は消耗品在庫をいれたもの。買い込んではここに入れておく。光ファイバーの在庫も壁に貼って管理

塗装と電飾工作＆プログラムでひとスペース確保

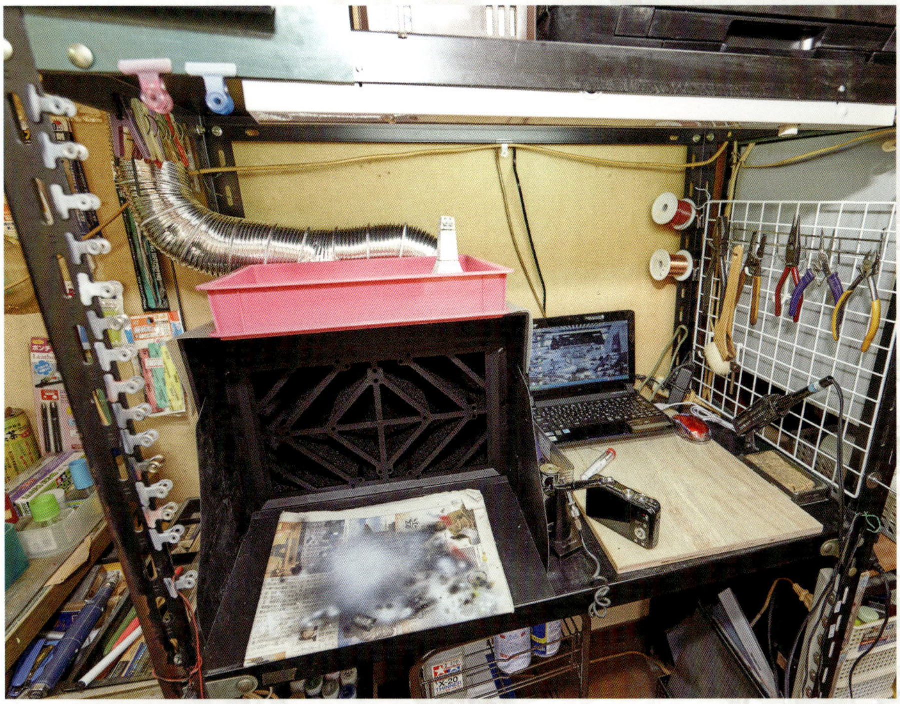

●さまざまなサイズや色の各種LEDや抵抗などのパーツは常に大量にストックしておき、必要なときにすぐに使えるようにしている

●工作机の手前、ラック内に設けられた塗装ブースの横には木板を敷いたスペースがある。ここは電子工作をするスペースで、木板はハンダ付けするためのもの。横にはリード線や糸ハンダ、電工ニッパー各種や、ハンダこてを常備しており、ここですぐに電飾用の電子回路を組むことができる。奥のノートPCはPICというLED電飾の点滅をコントロールするICチップにプログラムを書くためのもの。ここで電飾回路を作り、PICにプログラムを書き、転送して動作をチェックするということがこのスペースだけでできてしまう。ラックの足の内側にはスイッチ付きの電源タップがタイラップで固定されており、各種電気製品類のスイッチとしている

●各機材のリモコンは一枚の板に固定され、手の伸ばしやすいところに設置されている

15
MODELLER'S ROOM

どろぼうひげ［Amazing Style］

DOROBOU HIGE

ドンキ並の圧縮陳列！ 2.5畳に全部縦積み！

**LEDを多用した「魅せる電飾模型」を作る第一人者どろぼうひげさん。
その製作スペースはすべての模型関連品が一部屋に集められた2.5畳の納戸です。
狭いながらも楽しく模型製作を楽しむコツとは？**

●メインとなる部屋の奥壁に設置された作業机。ここで工作作業を行なう。デスクトップPC用のキーボードやマウスもここに設置されている。工作机の前には奥にPC&TVモニターを設置。資料画像を見たり、動画を確認したり、録画したアニメを見たりと引きこもれる必要充分な環境を構築。壁には模型製作に使う小物がピン留めして整理されている

狭いながらも工夫次第で効率よく工作できるのです

●根っから工作好き、DIY好きのどろぼうひげ氏は自分で電子パーツをはじめ、便利グッズを自作してこの部屋の効率度＝快適度を上げている。狭いながらも楽しい我が部屋なのだ

●30ccスクリュー管瓶は薬品を扱う際に使う小瓶で、溶剤がまったく揮発しない優れもの

どろぼうひげ / どろぼうひげ

'64年生まれ。福島県郡山市在住。建具屋の家に生まれ、年少の頃から物作りが好き。中学の頃に電子工作にハマり、高校でプログラミングを学習。本格的にプラモデルを作るようになったのは、社会人になってから。ＳＦ系の作品が多いが、基本的には雑食モデラー

どろぼうひげ [Amazing Style]

DOROBOUHIGE

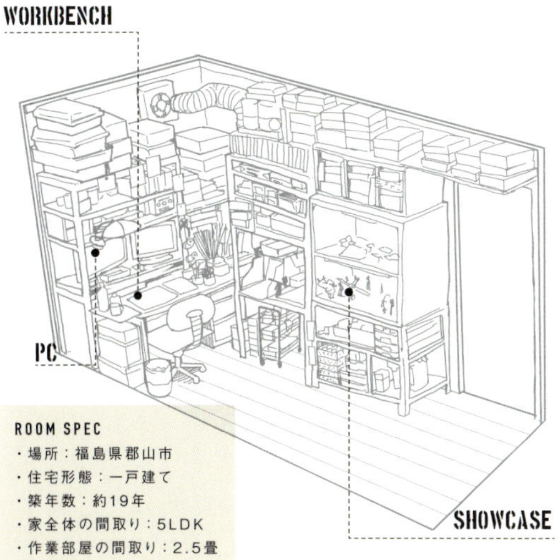

ROOM SPEC

- 場所：福島県郡山市
- 住宅形態：一戸建て
- 築年数：約19年
- 家全体の間取り：5LDK
- 作業部屋の間取り：2.5畳
- 家族構成：妻・娘・母親（長男は独立、別居）

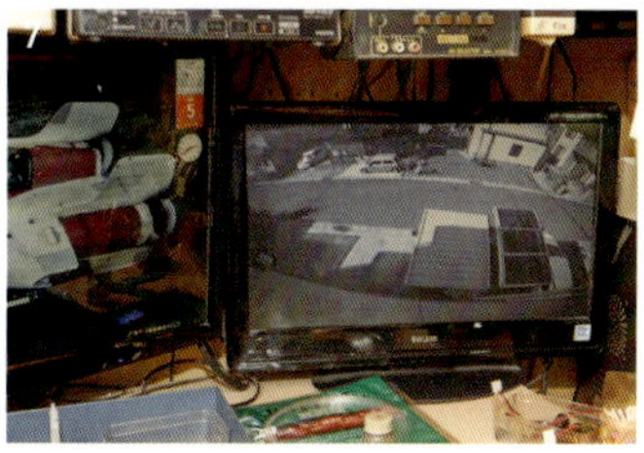

1 2：塗装ブースと換気扇でガンガンに排気できるか、というと意外と微妙でこれでも「ないよりマシ」程度。むしろ反対側の窓をあけて対流を作ることで効率良く換気できるんだとか。**3**：ハンドピースはGSIクレオスの0.3㎜を愛用している。**4**：GSIクレオス製のMr.リニアコンプレッサーL5は配線して物陰にいれておき、手元でスイッチのON/OFFができるようにしてある。**5**：330ccスクリュー管瓶は多用しており、調色したものにかぎらず塗料は移して保管している。いっさい揮発しないので非常に便利。**6**：コンデンサーや抵抗などLED以外の電子パーツも在庫は分類され取り出しやすく保管されている。**7**：部屋にこもっていると宅配便が配達にきても気がつかず、荷物を受け取れないという弊害が！　そこで玄関を監視するモニターを外壁に設置し、卓上モニターで監視。しかし車用バックモニターを流用したため鏡像で映るのはご愛敬……。**8**：机ヨコには工具類が出しっぱなしにしてある。手に馴染んだ使いやすいものを愛用して浮気はしない主義。電線などがリールごとかけてあるのに注目

これぞU-Boot！手足を伸ばせば何にでも届く！

本職はサラリーマンなので、この部屋に引きこもるのは仕事から帰って夕飯を食べてからです。ここで作業しているととても集中してしまい、数時間があっという間に過ぎていきます。

この部屋はもともと2・5畳程度の納戸で「家を建てるならこの奥行きが長く幅が狭い納戸を私のスペースとして利用させてほしい！」と妻や子供たちにかけあって確保しました。家族の理解があって、とても恵まれていると思います。引っ越してくる前に施工屋さんに頼んで電源だけは4つに増やしました。

本業と模型製作を両立させつつ、限られた時間で作品を仕上げるためには、効率の良い製作環境が必要になります。なので道具や資料は、できるだけイスに座ったままですべて手が届く範囲に収めています。

まずいちばん奥に会社で余った事務机を置き、正面にはスチールラックで棚を作り、パソコンやモニター、収納式のキーボードを置いています。その上にはオーディオや資料となる動画を収めたディスク類、電飾用のパーツ類などを収めます。

入り口から壁沿いにもスチールラックを複数入れて完成品の展示や部品を置く棚、そして作業スペースを確保しています。狭い部屋なので物を置くスペースは上へ上へと伸びていくしかありません。消耗品や工作の材料も、フックで壁に掛けておいて、収納スペースを最小に押さえつつ、在庫の確認を容易にしています。とにかく余ったスペースは有効活用しています。

塗装ブースはイスに座ったまま作業ができるように工作机のすぐ隣に設置。塗装ブースはタミヤのペインティングブースII（ツインファン）ですが、自分で壁に穴を開けて取りつけた換気扇も併用しています。

ボクの場合、電飾のための工作スペースも必要なので、模型製作とは分けて専用のスペースを確保しています。ここで電子回路の製作、ハンダ付け、PICマイコンのプログラミングや試作回路の実験なども行なっています。移動式のラックに、よく使う塗料や溶剤、電子工作のツールも収納して、作業内容に応じて移動させて使っています。電子パーツもたくさん買い置きしてあります。

完成した作品や在庫が増えていきますが、以前はほかの部屋に少しずつ積んでいました。しかし家族からの苦情がピークに達し、とうとう駐車場の一部を潰して、専用の物置小屋を作りました。当分のあいだは安心ですが、この倉庫がいっぱいになるまでは大好きな模型を作り続けたいですね。■

大人はだまって金と土地で解決だ!!

●在庫や完成品の保管用にどろぼうひげさんは自宅敷地内に専用の物置を設置。このなかが完成品でいっぱいになるまで製作は続けたいとのこと

天棚

長年の試行錯誤の末に完成したプロモデラーの部屋と同じレベルの部屋を手に入れるのはなかなか難しいが、基本ルールを押さえることでグンと近づけることができる。そこで、長年あらゆる家や部屋のリフォームに携わってきたその道のプロに話をうかがってみた

How To Make Modeller's Room?

田中さんには収納と換気を中心にプロの目から部屋作りのルールを教えていただいた。こういったものにはセオリーがあり、それをふまえることで、より簡単に硬効果的に部屋作りを進めることができるだろう。

◆収納

物は用途、目的別に収納場所をわけ、使用頻度の高い物を作業場近くに収納するようにしましょう。工具や塗料類、ストック部品など、種類の多い物は深さの少ない引出し式にすれば上から見渡せますし、取り出す際も、戻す際も便利です。頻繁に使う小型の部品用に、種類ごとにわける小さな引出式収納もあるとよいと思います。これらは、引き出しを、作業内容により位置を入替えたり引き抜いて机の上に置けるものが便利でしょう。プラ板などの板物は、厚さ別にファイルケースなどに入れ、縦置きにしておくと探しやすいでしょう。

在庫のプラモデルの箱や、製作後も残して置きたい箱など、大量の箱物を収納するスペースが必要な方は多いと思われますが、もちろん専用の収納庫があれば良いのですがそのようなスペースはなかなか取れないのが現実かと思われます。となると限られたスペースに重ね上げるしか有りません。とはいえ、箱の材質のことも考えると、単純に積み上げておくと箱が潰れて崩れ落ちる危険が出てきます。棚の高さが調節できる収納ラックで一段に5個積み程度で収納できるように調整すると下の物も取り出しやすいです。

壁に釘などを打ち込める厚みがあるなら、窓上の高さに天棚を付けて収納スペースにすると作業スペースを削らずにすみます。ただし、地震などで落下の危険もあるので重い物は避けましょう。

完全には防げません。キッチンの換気扇を使っていると吸引力が強いほうに吸い寄せられるので、家族が料理でキッチンを使っているときは作業は控えた方がいいでしょう。

◆そのほか

エアブラシなどでコンプレッサーを使う場合は、防音効果のあるケースに入れるのがベストですが、置き場に防振マットを敷くなどの配慮は必要でしょう。

壁や床の汚れ対策は、貼ったり剥がしたりが容易なペット用品の保護シートが便利です。壁用には市販の貼り直しの容易なデザイン性のある壁紙で、お部屋のデザインも兼ねて重ね貼りするのもいいでしょう。

もしお部屋を新建、リフォームする場合は、床の色を明るく薄い色にしておくと落としてしまった部品も見つけやすいのではないでしょうか。

多くの電気製品を使うと思いますが、タコ足配線は火災の原因にもなります。机の裏などのコンセントにホコリがついた状態も危険です。配線周辺はつねにキレイに整理しておき、掃除のしやすいようにしておくことが必要です。ハンダゴテなどの高電力の機器を使う場合容量の低い延長コードを使ったりコードを束ねるのもコードが熱を持ち危険です。

なお、最近はインターネット上などでだれでも専門的な電気製品を購入することが可能ですが、電源コンセントを使わず直接電源線に接ぐ工事は専門の資格を持った工事店でなければできないので注意してください（感電の危険や火災の原因にもなります）。

照明は、手元を照らすように卓上スタ

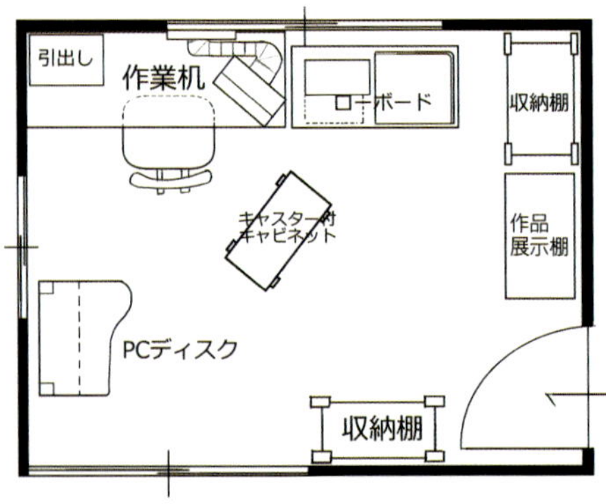

引出し
作業机
ローボード
収納棚
キャスター付
キャビネット
作品
展示棚
PCディスク
収納棚

●図にするとこんな感じ。まず窓の位置から窓嵌め換気扇の位置が決定し、そこに塗装ブースのダクトを配意すると、おのずと作業机の位置が決定する。そこからさらに必要な部材をレイアウトする、という考え方だ

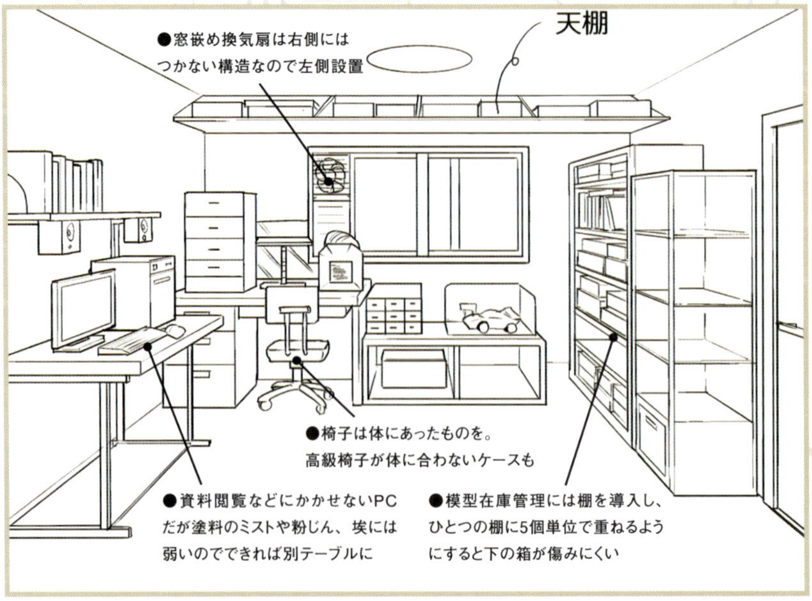

天棚
●窓嵌め換気扇は右側にはつかない構造なので左側設置
●椅子は体にあったものを。高級椅子が体に合わないケースも
●資料閲覧などにかかせないPCだが塗料のミストや粉じん、埃には弱いのでできれば別テーブルに
●模型在庫管理には棚を導入し、ひとつの棚に5個単位で重ねるようにすると下の箱が傷みにくい

リフォームのプロに聞く
模型部屋作りのコツ

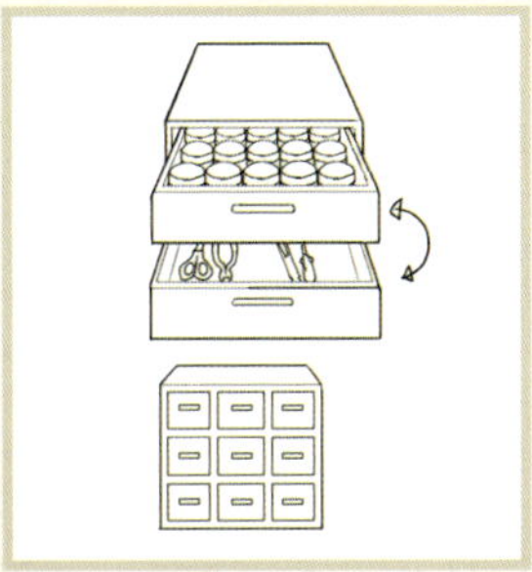

▲用途で引き出しを入れ替えたり、小分け引き出しを活用するなどして最適化を図ろう

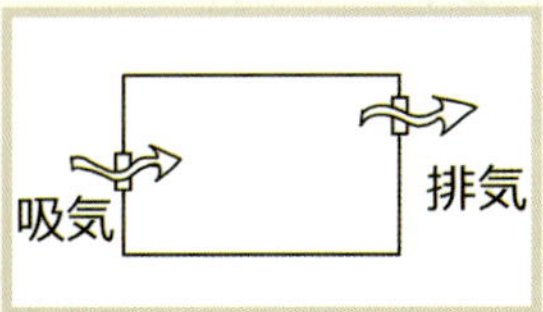

▲吸気がないとろこ排気はできず。吸気と排気はかならずセットで考えましょう。「換気扇回してるから平気!」と、窓は閉めっぱなしにして塗装をしていた人もいるのでは? また集合住宅の人はほかの住人への気づかいも考えつつ、室内換気扇の方式や排気口を確認しましょう。ポイントは「いかに臭気を模型部屋からほかの部屋に漏らさないか」だ。

◆換気

塗料や接着剤などの揮発性の有機溶剤は人体に悪影響を及ぼすこともあるので換気は不可欠です。換気を計画する上で注意しなければならないのが、一般的な換気扇は空気を外に出す機能だけなので、**大きな換気扇を取り付けても空気の取り込み口を作らないと空気は外に出ていきません。**

専用の吸気孔を作るのが理想ですが、壁に穴を開けるなどの工事が必要になるので、難しい場合は、**換気扇と少し離れた場所の窓を少し開けるだけでも効率が上がります。**壁を開口して換気扇（窓はめタイプ）を設置する場合は、室内側から見て、**換気扇は必ず引き違い窓の左側になる**ので作業台の配置に注意が必要です（使わないときに窓を閉めるため）。

塗装ブースを常設する場合は排気ダクトの排出先も工夫が必要です。集合住宅などの各部屋がダクトでつながっている多室型換気扇による他室への臭気の流れ込みは、機器に逆流防止の弁は付いているものの、ンドタイプを併用するのがよく、選ぶ電球は、色合いがわかるように**太陽光に近い昼光色**のものを目安にするといいでしょう。

それと部屋の改造についてですが、ご自身で窓枠や戸建ての自宅であれば、壁に穴をあけるなどして換気扇を取りつける工事は、違法ではありませんが、自己責任でお願いします。マンションなどでは壁に穴をあけることはできませんし、管理組合に規定がありますので、それに従った範囲での作業に止める必要があります。

先ほどの電気工事の件もそうですが、電源コンセントを壁内で引き回すなどの工事も有資格者に作業して頂く必要があります。大がかりな部屋の改造をする際には、手間やコストをいとわずに、ちゃんと販売店や専門店、施工屋さんに相談してください。逆にいうと、部屋をリフォームするような場合は、こういった使用目的を最初からリフォームショップなどに伝え、照明や排気ブースなどに関してアドバイスをもらうことで適切な環境構築が行なえます。 ■

教えてくれた人

パナホーム リフォーム株式会社 近畿第二支社 奈良設計センター

田中貴宏さん

昭和46年生まれ、奈良県出身、二級建築士。『宇宙戦艦ヤマト』のプラモデルにはじまり、ガンプラはもちろん、学生時代は車の模型やラジコンにもハマったそう。中二の息子さんもガンプラが大好きという親子二代で模型好き

最適な収納の奥行き

物	縦×横×奥行き（mm）
文庫本	20×148×105
A4雑誌	10×297×210
A5雑誌	52×198×105
CDケース	15×125×142
ティッシュペーパー	243×62×115
衣装ケース（小）	390×300×530
ギターケース	150×1000×500
敷布団	970×290×630
スーツケース	360×590×820

いまある収納家具やこれから買おうとする場合、奥行きが充分かを確認しよう。模型用品にかぎらず、しっかりとした収納は整頓の基本。まずは床に直置きで物を置くのをやめるところから!

参照／パナホームリフォームカタログ※数値は目安です

■自宅の一室を作業部屋として確保。ここで原型製作の仕事から雑誌作例の模型製作まですべてをこなす。■色にはとくにこだわりがあるため、照明にもけっこう気を使っている。クールに見える光が好みで現在使っている電球は「Panasonic製 27W ツイン クール色」。作業机には2つライトを置き、大きいほうは無印良品製。サーフェイサーを吹いた後の傷チェックはこちらを使うが、細部を見るときはまだ暗く感じることもあるので、まだ検討の余地があるという。■掃除はほぼ掃除機をかけるのみ。掃除機はダイソン製。■プロの原型師として活躍している有澤さんは、いまはプラモデル製作は基本的にはほぼ仕事のみ。在庫模型はほとんどないんだとか。■クーラーはこの部屋には設置していない。サッシと玄関を開けるとほぼ吹き抜けになるので涼しく、真夏でもそれほど辛くはないそう。冬は、ダイソンの小型ヒーターのみ使用する

●ふたつ並べられた机のうち、左手は模型製作スペース。天面はペーパーで養生され、整然と道具類が並ぶ。卓上には無印良品製の仕切りストッカーを置き、その引き出しに両面テープやプラパテ、棒ヤスリなどを保管している。

16
MODELLER'S ROOM

有澤浩道［Amazing Style］

HIROMICHI ARISAWA

自宅の一室をアトリエに。シンプルな構成と整頓された配置が作品のクオリティを上げる

『月刊モデルグラフィックス』誌などで活躍する有澤浩道さんは、ふだんも自室のアトリエで作業を行なう商業原型師／モデラーだ。その作業場はシンプルそのものだが、塗装に関しては一風変わった場所で作業しているという

●向かって右側はパソコンを置いたスペース。こちらでは資料参照やデータの製作、事務作業などを行なっている

狭いながらも工夫次第で効率よく工作できるのです

専業モデラーなので6畳ひと部屋丸々がコクピットです。L字型の机ふたつを連結、ひとつを工作の作業机にひとつをPCで原稿を打ったり絵を描いたりデザインをしたりする事務机に当てて、作業性は良好です。とくにフィギュアの原型は平行を出さなければいけないので、しっかりした作りの机を購入しました。椅子もふたつあります。以前は作業机でPC画面を見ながら原型を修正できず不便でしたが、最近はi-Padがあるので、その悩みも解消できました。

もともと模型製作は中学、高校時代の趣味で部屋の一角で細々と行なっていたのですが、原型製作の会社に就職し、後にフリーの原型師になったので現在のような専用工房風になっていったわけです。

工具や材料はとくに変わった物はありませんが、締め切り直前は時間勝負なので、作業効率を上げるため使用頻度の高いものをできるだけ作業机から手の届く位置に置きます。ちなみに、幸運にも両利きなので左右に分散させてレイアウトできます。

ただ、このような仕事をしていてなんなのですが、有機溶剤系の臭いが苦手なのでこまかい塗り分け以外のエアブラシと缶スプレー塗装はベランダで行ないます。部屋が塗料のミストで充満するのは精神的にも身体的にもあまりよろしくないと思います。ちょっとした筆塗りや接着剤の使用でも有機溶剤系のものを使用するときは防毒マスクを着用し、作業中も後もサッシをを開けて換気するようにしています。

作業をはじめると工具やら材料やら本やらで散らかり放題なのですが、途中で片付けてパーツを紛失したり破損させたり、ゴミといっしょに捨ててしまうのが怖いのでひとつの仕事が終わるまではほぼそのまま。納品したら気持ちの上でも区切りをつけるため掃除をして、心機一転次にとりかかるようにしています。これはモチベーションかかっているときはそれが終わるまでなるべくほかに手を付けないようにしています。エンドレスに作り続けると飽きちゃいますしね。

あと、在宅作業をしているとプライベートと仕事との切り替えが難しいので、作業がひと段落したら寝室でTVを見たりゲームしたりゴロゴロしたりと意識的に休憩するように心がけてます。とは言いつつ、つい寝室に篭もりきりになる場合も多々……。

考えてみたら工作、塗装、事務作業のパートを別々の場所で行なえるという、けっこう贅沢なコクピットなのですが、最近は模型製作用の資料の本と塗料が増えて棚から溢れ出してきていることが悩みですね。大きめのガラス付き書棚と大きめの塗料ラックの購入を検討中です。■

●これまで数多くのガンプラ関連の作例を製作してきた有澤さん。その完成品のほとんどを作業部屋のショーケースに展示している。誌面を飾ってきた作品が並ぶ様子は圧巻だ

●溶剤臭が苦手なので芳香剤もセット

有澤浩道 / ありさわひろみち

'82年生まれ。メカ系商業原型師。ビシッとしたエッジと清潔感のあるフィニッシュワークが好み。ツヤ消しとパール&メタリックのコントラストを日々研究中。色彩検定とか危険物取り扱い系とか資格を多数所持。音楽は圧倒的に佐藤史果さん♪　赤ちゃんと猫が大好き！

有澤浩道［Amazing Style］

HIROMICHI ARISAWA

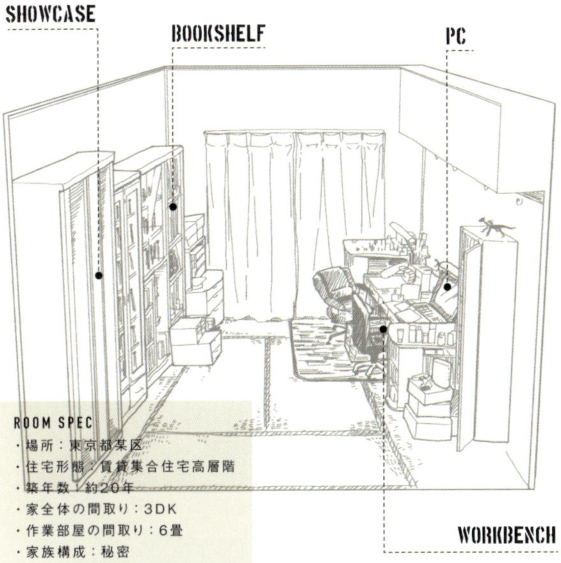

ROOM SPEC
- ・場所：東京都某区
- ・住宅形態：賃貸集合住宅高層階
- ・築年数：約20年
- ・家全体の間取り：3DK
- ・作業部屋の間取り：6畳
- ・家族構成：秘密

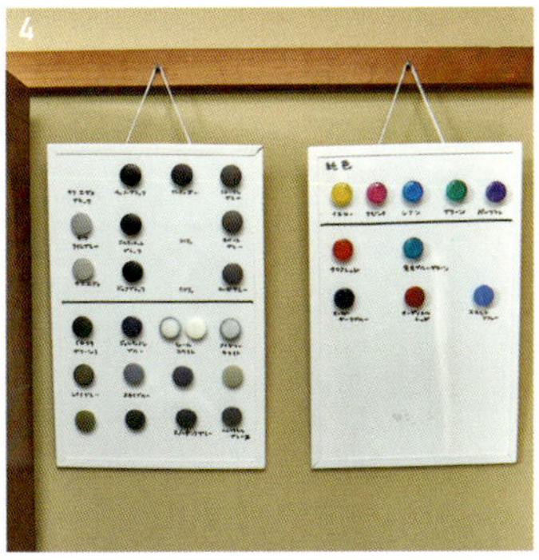

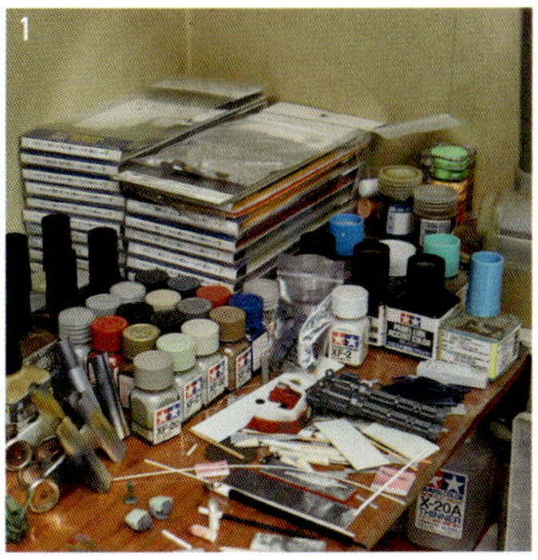

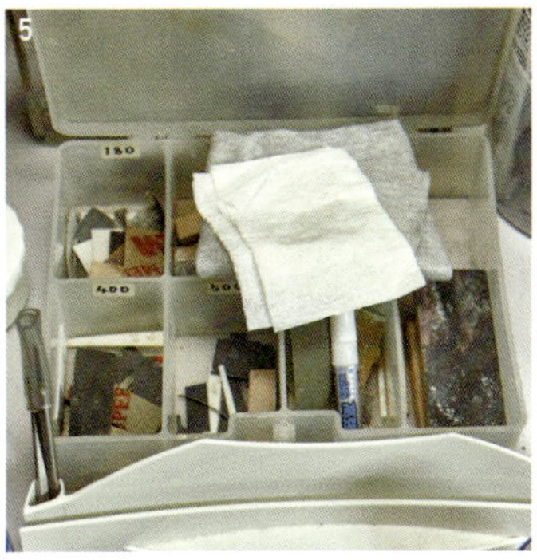

1：曲面追従シートやタミヤ エナメル系塗料、ウェザリングカラーなどはサイドテーブル奥に管理。使用する度に片付ける。2：エバーグリーンのプラ棒や筆などもペン立てで一括して管理している。3：入り口に近い位置にはサイドテーブル兼資料などをストックする本棚やCDラック、CDプレイヤーなどが配置されている。4：100円均一ショップで買った白いマグネットに使用頻度の高い調色した色を塗りボードに貼っておく。これは色味調整や配色案を練るための重要アイテムだそう。5：紙ヤスリ、スポンジヤスリの類いは番手ごとに仕切りのあるトレーにて管理している

●パーツを探す手間を省き紛失を防ぐためにも、製作中のパーツは作業スペース横のサイドテーブル上に並べて管理している

塗装スペースを屋外にセット

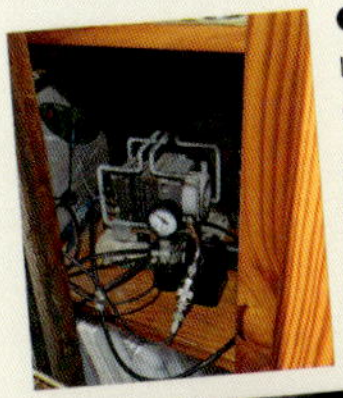

●コンプレッサー（GSIクレオスのL5）は室内に置いているが、ベランダへハンドピースを取り回せるような配置にしてある。

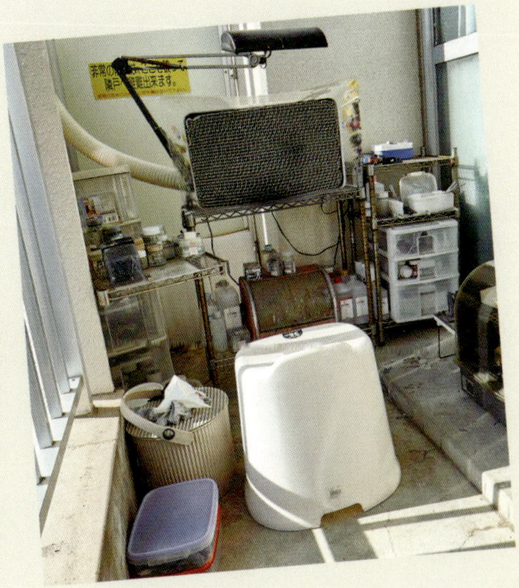

●有機溶剤が苦手な有澤さんは、部屋の外のベランダに塗装ブースを設置しここでエアブラシ作業を行えるようにしている。屋根もありライトも設置しているので、夜間でも雨天でもここで塗装作業が可能とのこと。収納ケースやフタ付きゴミ箱、椅子なども常設している

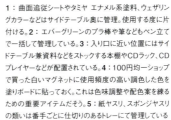

■6畳の納戸は家族の荷物を収納する場所だが、その奥半分に陣取り製作スペースとしている。DIYショップホームセンターで購入した机とメタルラックを対面に設置、奥の窓際にもメタルラックをローテーブルとして設置し上に塗装ブースを構築。ブースと窓のあいだにはサーキュレーターを置くことで換気を促している。椅子はIKEA製の疲れにくいものを使用。■部屋の照明のほかに蛍光灯を2本使用。■掃除は、ほぼ掃除機をかけるのみ。■ゴミ箱はなく、45Lビニール袋を床置き。■もともとが納戸なので、ほかの部屋に較べて床の保温性がまったくないため、冬はかなり寒い

■竹下氏が自分で決めたルールは4つ

①塗装は子供たちが寝たあと扉を閉めて窓を開け、換気環境を整えてから行なう
②真空脱泡機は音が大きいので、夜間は使用しない
③本来は家族共用の物置き部屋なので、積みプラは一定以上増やさない
④室内の夫人専用タンスは開けない

17 MODELLER'S ROOM

竹下やすひろ [Amazing Style]

YASUHIRO TAKESHITA

大型模型をもフルスクラッチする電飾模型の達人の作業場は、マンションの一室、納戸の片隅だけ……!?

数々の電飾模型を製作し、雑誌作例や展示会などで常に話題を呼ぶ作品を作り続ける竹下やすひろさん。ご家族4人で暮らすご自宅にそのアトリエを訪ねると、省スペースながらやりくりした、居心地のよいコクピットがありました。

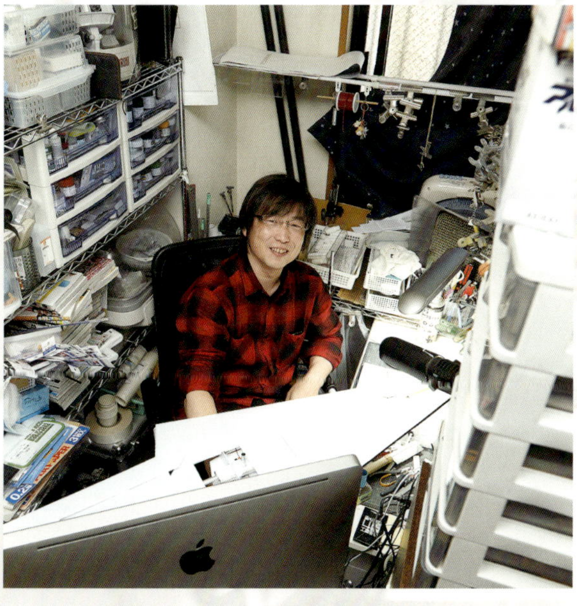

●納戸の手前半分には衣装ケースや洋服ダンスが置かれ、家族の荷物が収納されている。その奥に作業スペース設けられている。本人が椅子におさまるとPCを乗せたキャスター付きフレームを引き寄せ四方を囲まれるスタイルに

竹下やすひろ [Amazing Style]

YASUHIRO TAKESHITA

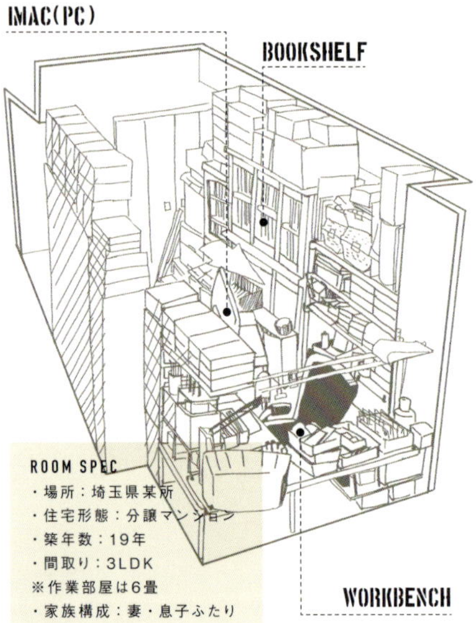

ROOM SPEC
- 場所：埼玉県某所
- 住宅形態：分譲マンション
- 築年数：19年
- 間取り：3LDK

※作業部屋は6畳
- 家族構成：妻・息子ふたり

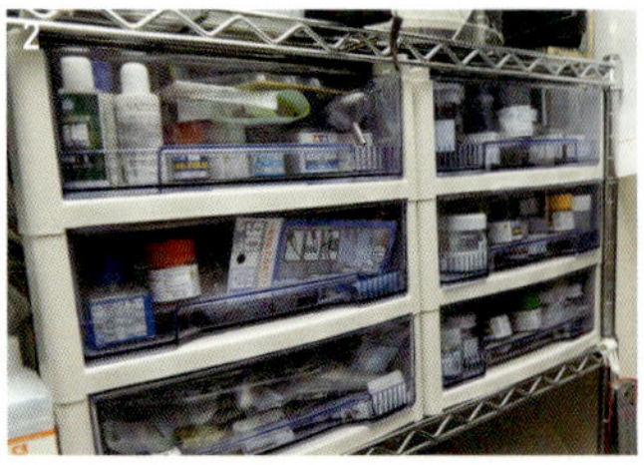

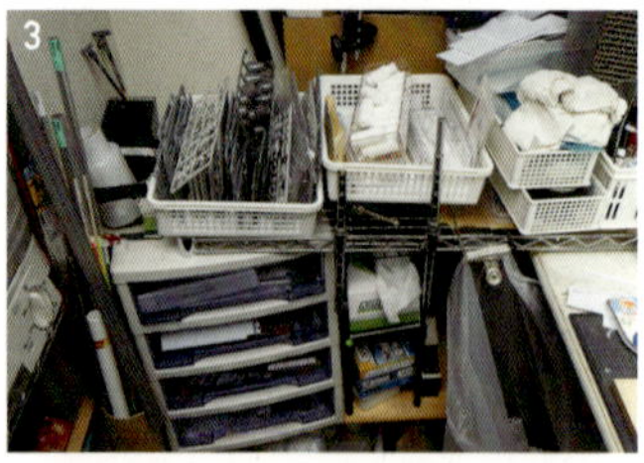

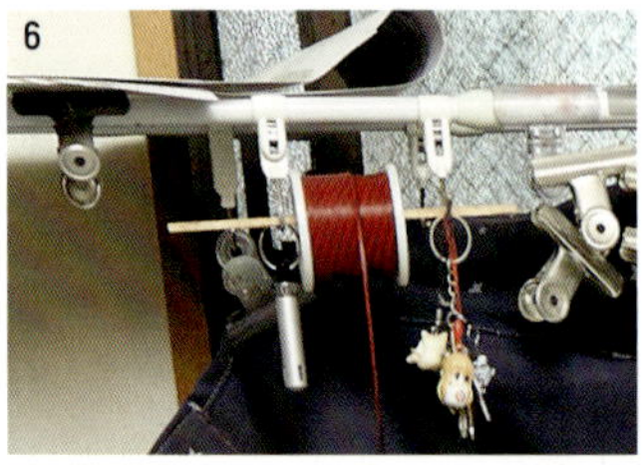

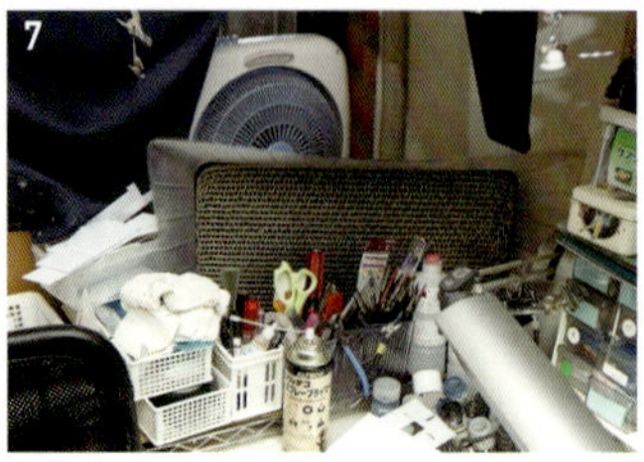

狭さを逆に利点に。必要な道具／材料がすぐに手が届くセッティングに

■スペースが少ないこともあり、効率的に作業が進むようにと工夫した結果、机のまわりにあらゆるものを陳列配置。さらに上下にも設置空間を広げ手を伸ばせば必要なものに手が届く環境へと変化していった。**1**：電飾モデラーとしても知られる竹下さん、卓上の正面の小パーツ入れの棚には各種LEDや抵抗、CRDなど電飾回路を作るのに必要なパーツ類が分別され収納されている。ハンダゴテは卓上に常備。**2**：背面側のラックには塗料を分類して収納しているケースを設置。振り向くと取ることができる。**3**：部屋奥にはメタルラックの棚や、市販のプラパーツを保管しておくケースを設置。長い定規などは立てかけて保管している。**4**：山善の食器乾燥機をパーツの乾燥機として流用。これも背面側のラックに収めてある。**5**：入り口側の衣装ケースには流用パーツ用のランナーが収めてある。**6**：奥手窓際に渡された棒にはリード線がリールごとぶら下げてあり、ほしいだけ引き出せる。**7**：窓際には塗装ブースとさらに排気用のサーキュレーターを設置。**8**：卓上正面のちょっとした棚には作業用のクリップや洗濯ばさみが設置されている。「ここに挟んで吊るしておけばなんでもすぐ使えて便利です!」

家族共用の納戸に少しずつコクピットを構築

今回取材をお受けして「我が家には明確な境界がない」ことに気づきました。この作業部屋には日常生活で使用する洋服タンスもあれば子供たちの思い出の品や妻の趣味の品も収納されています。かと思えば、夫婦の寝室に作例の完成品（ダンボールに収納）を積んでいたり、ライトセーバーが家のあちこちにあったり。そもそも、どの部屋の扉も塗装時以外はつねに開けっ放しで、我が家は全体的にオープンです。作業部屋にはもちろん刃物や溶剤などの危険物がありますが、息子たちは模型にまったく興味がないのでめったに入ってきません。助かる反面ちょっと寂しいですね（苦笑）。

もともとこの部屋も作業部屋として考えていたわけではなく、家族共用で使う納戸的な部屋でした。「子供たちの寝室から遠い」とか「家中の窓を開けたときは風下になる」などの理由でこの部屋の一角を間借りする感じで机を配置したのがはじまりで、塗装ブースやエアブラシも同時に購入しました。それまでは「休日の趣味の時間だけだし」とその場しのぎの折りたたみテーブルで作っていましたね（遠い目）。しかし時が経ち、ふとここを見渡してみると、モデラーの部屋っぽく進化したなと思います。

作業机周辺のコンセプトは「置ける限り手の届く範囲に配置する」です。塗料や工具も使用頻度が高いものは近場に集めて現在のかたちになりました。コタツから出ずにすべてができる的なズボラ配置（笑）。パソコンを置いているワゴンを手元に引き寄せればまさに単座コクピット感覚。趣味に没頭できる夢の空間（家族にはそう見えないでしょうが……）が形成されます。

自分は、その日の作業が終わっても翌日すぐに作業を再開できるように、片付けは基本的にはしません。そのため製作中は机の上も周辺もモノであふれることがよくあります。取材時はまだ余裕がある段階ですね。作り方を試行錯誤してるときや複数の資料を見ているときは机上は一気に狭くなります。ただし、ひとつの作品が終わったら大掃除をして、次の作品作りのために工具などの効率的な配置を構築します。

大きな作品もよく作りますので「作業部屋は広いのか?」という質問も受けることがありますが、ご覧のとおり猫の額ほどです。大きな作品は、ベースを少し離れたところに置いておき、卓上で組んだものを取り付けにいくというスタイルです。

雑誌作例を頻繁にやっていたころよりは製作ペースは落ちましたが、家庭人としてすべきことをすませたら、家では基本的にはここに居ます。落ち着きますし、自分用のコクピットっていくつになっても男子の永遠の夢の場所ですからねー。■

竹下やすひろ / たけしたやすひろ

（マックスファクトリー）

'68年生まれ。『宇宙戦艦ヤマト』『スター・ウォーズ』『機動戦士ガンダム』など歴史に残る作品をリアルタイムで体験して来たことを幸せに思う2児の父。現在はマックスファクトリーに勤務し、PLAMAX企画の一員。発信するメーカー側の人間としてもプラスチックモデルを楽しんでいる

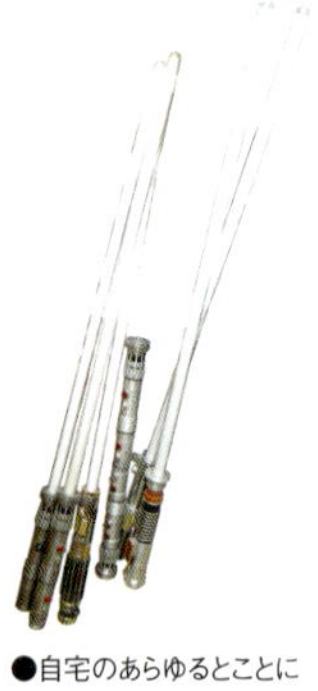

●自宅のあらゆるとことにライトセーバーが

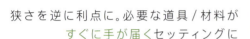

MODELLER'S ROOM

"HOMELY" STYLE

YAS
KOUJI TAKAHASHI
[ABOUT STORAGE]
MASAHIRO FUKUI
HATA
TOSHIYA ODA
[LIGHTING EQUIPMENTS]
YUSUKE KATO
KEI SHIMIZU
HIROKI ICHINO
[TOOLS]

模型人であると同時に家庭人である。そんな大人の趣味として与えられた時間／空間で趣味製作を楽しむスタイルは家族との生活に直接繋がっている。いかに家族に理解を得るか？スタイルは様々だ

■都心の閑静な住宅地にそびえるマンションに奥様と愛犬と暮らすYASさんは、ひと部屋を自身の趣味部屋としている。■6畳ほどのフローリングの洋室の奥にデザインテーブルを設置、窓際に換気扇と塗装ブースを設置したほかは組み立て家具などを活用し、模型製作環境を構築。壁、床などは特別養生せずに使用しているが汚れは皆無。■机、椅子／Cassina IXC.「AIR FRAME 3005 DEN」「ROLLINGFRAME」机はさらに180㎝の天板を乗せて広げている。■塗装ブース／TAMIYA スプレーワークペインティングブースのシロッコファンとホースを無印良品のポリプロピレンキャリーボックスに取り付けたもの。■エアブラシ／アネスト岩田 HP-CH（0.3㎜）、リッチペン 113C（0.3㎜）。■コンプレッサー／クレオス L5「模型に出戻る前は、自宅のインテリアなどにはこだわってたんですが、模型製作をはじめたらそういうのはどうでもよくなって機能性とコストパフォーマンスを重要視するようになりました（笑）」（YAS）

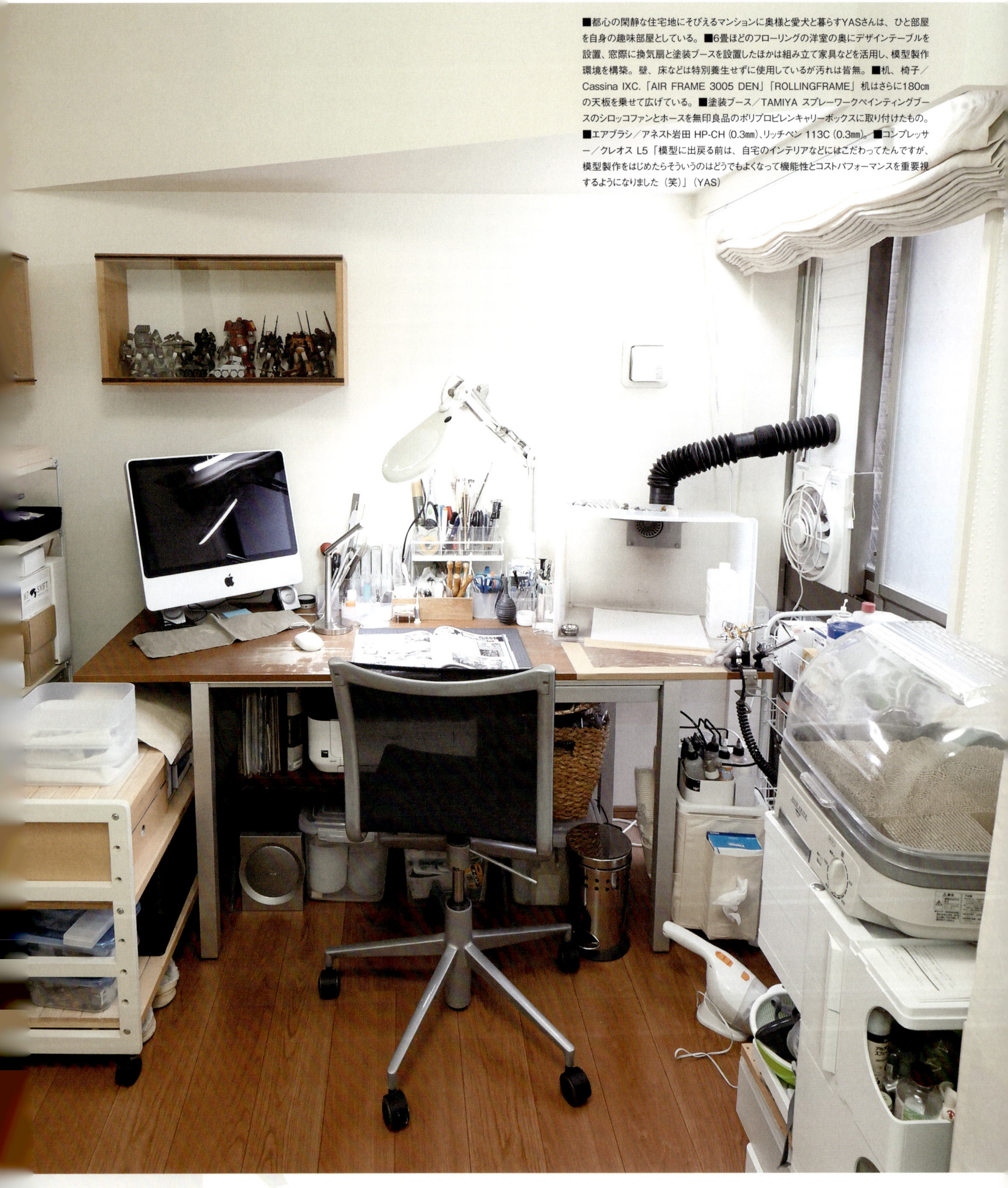

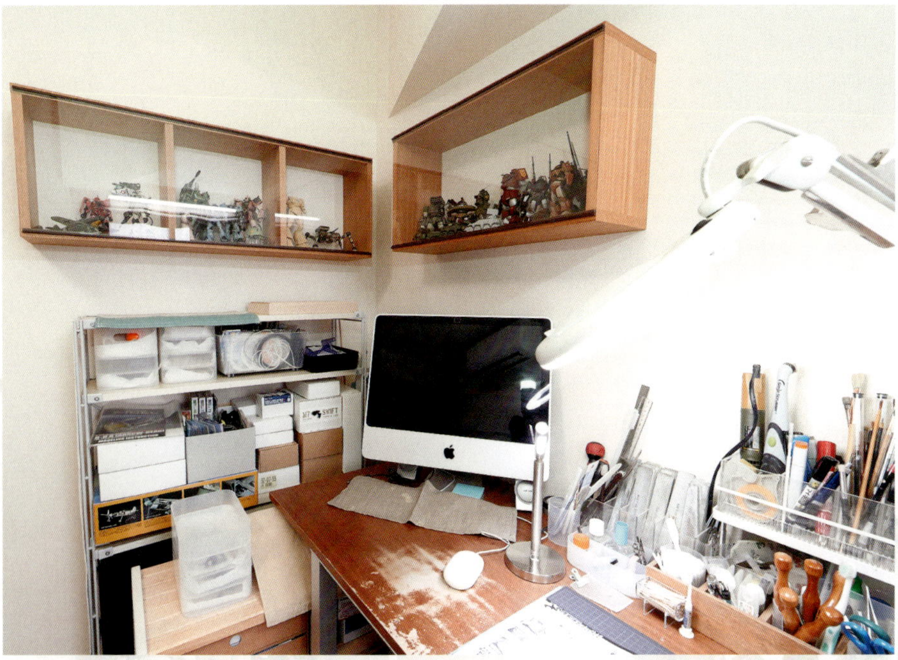

18
MODELLER'S ROOM

YAS [Homely Style]

YAS

綺麗にまとめたシンプルな工房は趣味部屋も兼ねる。

**大人の趣味人として、綺麗な趣味部屋で過ごす時間はは至極のひとときだろう
デザイナーを本業とするYASさんは自宅マンションの一室、自分の部屋の片隅に
センスよくまとめた作業スペースを設け、模型を楽しんでいる**

●YASさん自身の趣味部屋でもあるため、書籍やCD、数本所有する数本のギターもここで保管している

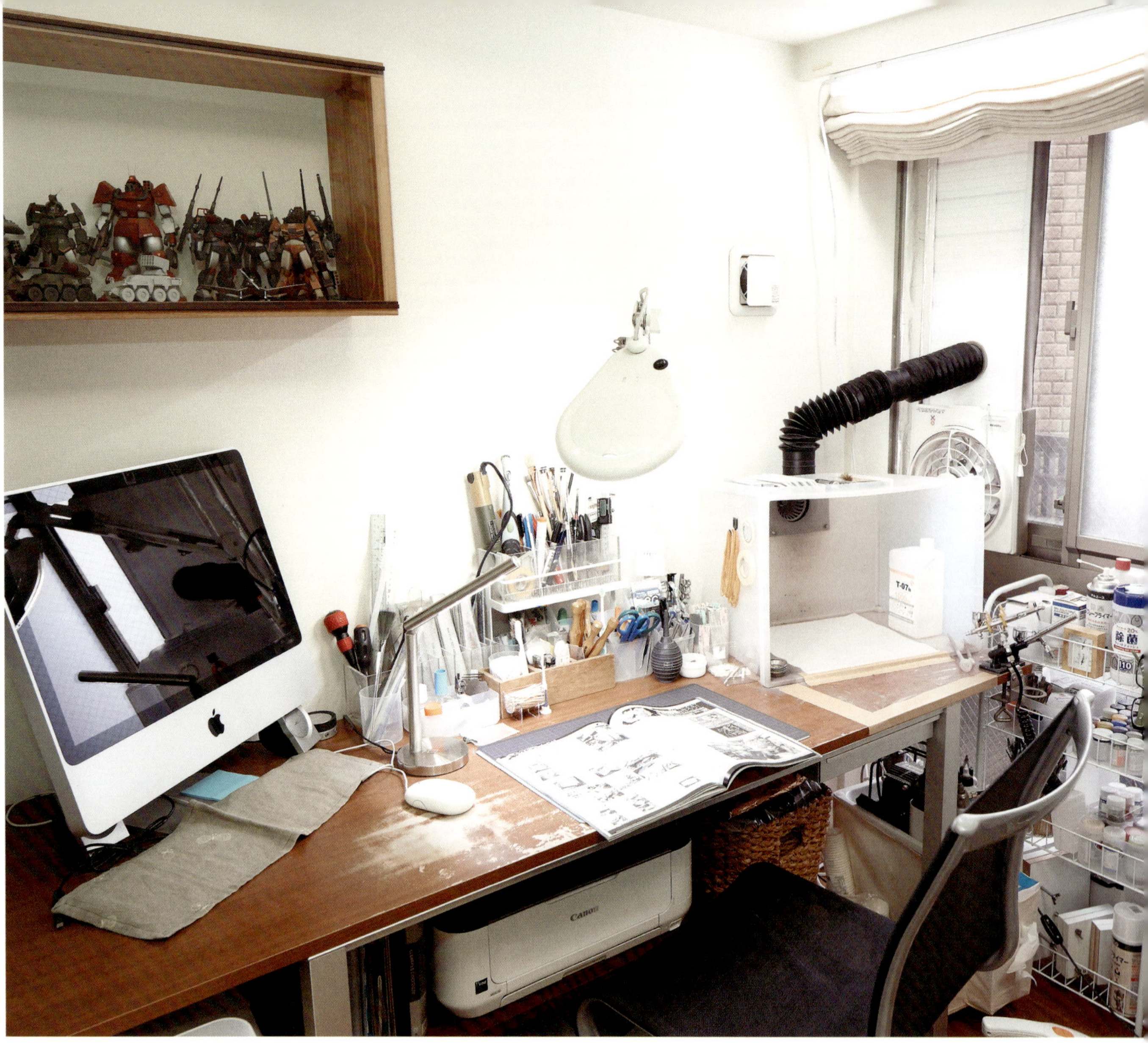

整頓された清潔な部屋が美しい仕上がりの模型を生む

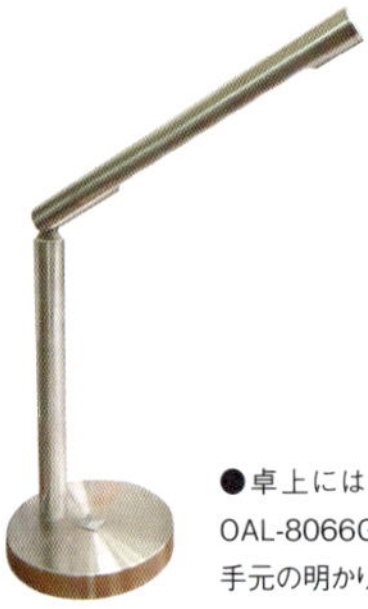

●卓上にはエルズームアームライトOAL-8066G-W（オーム電機）を設置。手元の明かりを確保

YAS / やす

グラフィックデザインの仕事の傍ら、模型メーカーの完成見本製作などメカ系模型のフィニッシャーとしても活動中。最近は模型製作のみならず、模型関連製品開発にまつわるDTP系の仕事にも携わるようになり活動の幅を広げる。7弦ギターを嗜む愛犬家。

YAS

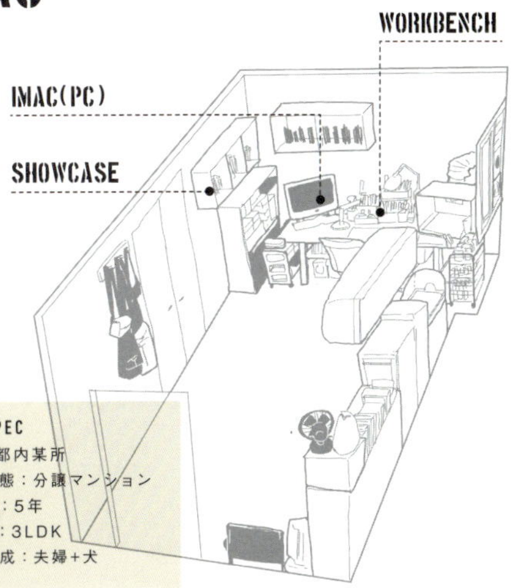

ROOM SPEC
- 場所：都内某所
- 住居形態：分譲マンション
- 築年数：5年
- 間取り：3LDK
- 家族構成：夫婦+犬

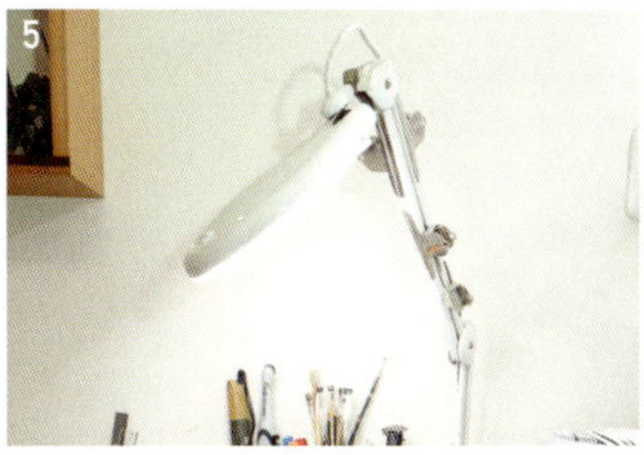

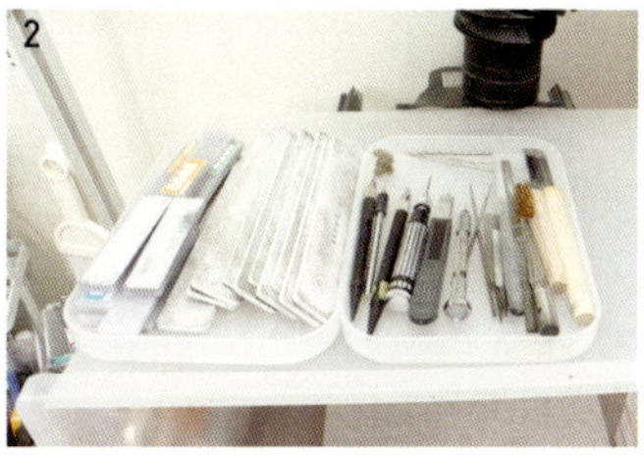

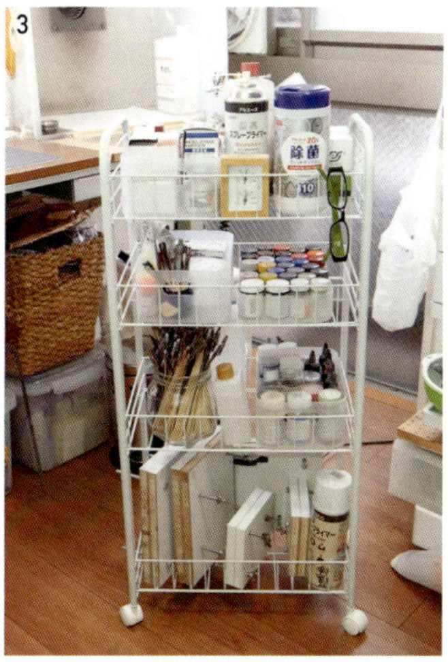

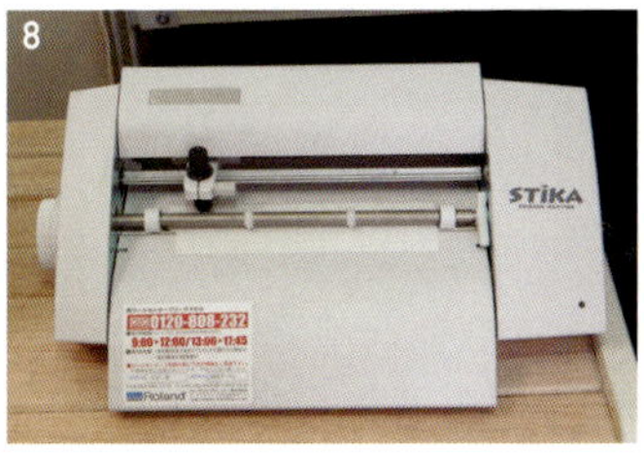

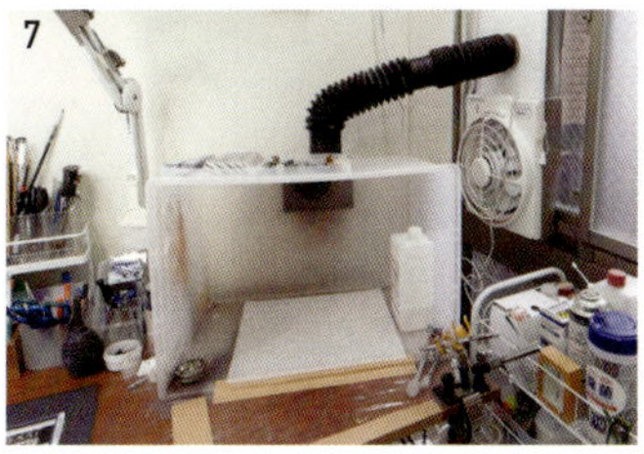

1：コンプレッサーはGSIクレオスのL5を使用。これをサイドテーブルワゴン ミニラック（不動技研製）に入れている。ハンドピースはアネスト岩田の0・3㎜をメインにサーフェイサーやメタルカラーの塗装専用にリッチペンの113Cを併用。**2**：使用頻度の高いナイフやピンバイス、板ヤスリは樹脂製のトレーにいれて使用している。**3**：アイリスオーヤマ製の4段メッシュカートにはシリコーン型押さえのクランプなど大型の備品を収納している。キャスター付きが便利とのこと。**4**：窓際に補助灯を設置している。梁のところに長めの蛍光灯を一本設置し、室内灯と併用することで室内の光りのムラを軽減することに成功している。さりげなく自然に配置されており、目にうるさくない。**5**：卓上にはルーペ付きLEDランプを設置。ルーペはあまり使用していない。**6**：山善製食器乾燥機を乾燥ブースとして設置。乾燥効率を上げるため、スリットを半分塞ぐのは定番加工だ。**7**：改造した塗装ブースの先は、換気扇の先へ接続。換気扇は東芝(TOSHIBA) 窓用換気扇に高窓用延長パネルを設置している。**8**：パソコンでカッティングステッカーを切り出すことができるRoland DG製「STIKA」はマスキングシートや薄いプラ板を任意の形に切り出すことが可能で、模型製作に大活躍している。

自室に作業スペースを設置、趣味人のハイセンスルーム

結婚して外を出歩くような趣味がしづらくなっていたところに、たまたま東急ハンズで手にしたガンプラの進歩に驚いてちょっと手を出したらどっぷりハマってしまったというのが模型製作に出戻ったきっかけです。出戻り当時に住んでいたのは1LDKのスタジオタイプの物件だったため、毎晩家内がテレビを見ているすぐ後ろで作業をして、塗装する際は犬といっしょに寝室に避難してもらうというような有様でした。さすがに回数が多くなってくると家内にも悪いですし、ちょうど手狭に感じていたこともあっていまの物件に引っ越しました。

ある程度模型製作に真剣に取り組んでいくと、誰しも粉塵や有機溶剤臭への対策が課題になってきますよね。とくに家族やペットと同居している場合はなおさらで、それを怠ると趣味の継続が難しくなったり、家族との関係が悪くなる可能性もありますから深刻です。塗装ブース等を導入しても有機溶剤を使用する塗装スタイルの場合、共用スペースでの作業には限界があります。ずっと続けていきたい趣味になりつつあった僕にとって（現在は半分仕事ですが）、模型製作専用のスペース確保は急務でした。

引っ越した現在は6畳の自室を確保し、作業環境と僕の生活用品などをすべて収めることで、共用スペースと作業スペースを完全に分けました。ただ臭気対策は部屋を分けるだけでは足りず、塗装ブースと窓枠換気扇を併用しながら自室ドア下には隙間風ストッパーも取り付けました。さらに有機溶剤を使った作業をする際には「24時間換気システム」を止めるのもポイントです。最近のマンションですと、これが全室に空気を回す常時換気のために設置されており、作動しているとどうしても微量の臭気がほかの部屋に回ってしまうように思います。

引っ越した当初、自室を手に入れた喜びで、調子に乗ってウレタン塗料を盛大に使ったら（塗装ブースのみ使用）、すべての部屋に臭気が回ってしまい家族に大迷惑をかけたことがありました。それ以来臭気をほかの部屋に漏らさず、確実に外に排出する方法を試行錯誤して現在にいたります。

ただ、自室を確保すると今度はどうしても引き籠りがちになって、家族とのコミュケーション不足から余計な摩擦が生まれて別の問題が発生する場合もありますね（苦笑）。このあたりは模型仕事の収入で外食や旅行に連れて行って模型が家族にも恩恵をもたらすことをプレゼンテーションすることでなんとかバランスを取っています。何気にこのあたりが家族持ちモデラーにとっていちばん大変かもしれませんね（笑）■

集合住宅ならではの悩みを解決！

●マンションなどの24時間換気システムがある物件では、各部屋から浴室などの大型換気扇のある場所へ気流がながれるため、塗装時のミストや臭気が部屋の外に流れてしまう。そこで塗装時には24時間換気システムを止め、換気用に開けられている部屋のドアの下の隙間をホームセンターなどで売られている「すきま風ストッパー」を使って密閉、窓から排気しているのだ。

■川崎市のマンションにお住まいの高橋浩二さんは、7人家族の大所帯。そんななかの作業スペースはというと、じつはこのお部屋、ご夫婦の寝室とのこと。高橋さんはベッドを使うが、奥様は床に布団を敷いて寝るそうで、その頭上で高橋さんが塗装をしているとか……。やはりご家族の理解がないとなりたたない環境です

19 MODELLER'S ROOM

高橋浩二 [Homely Style]

KOUJI TAKAHASHI

家庭の寝室の片隅ながら 効率よい作業環境を構築

一般の家庭で、お父さんがひと部屋を自分用に確保するというのは大変むずかしいもの。しかし部屋の片隅に作業スペースを構築して作品作りをしている人も多い。そんなひとり、精密で美しいカーモデルを仕上げる高橋浩二さんのお部屋にお邪魔した。

●メインの作業スペースには材料や工具がとりやすいようにメタルラックでタワー状態をつくり、そこに収納している。PCラックも兼任しているため、粉じんや塗装ミストが気になるが、ここで塗装をしないため、比較的ひどい汚れで困るということがない。ラック上にはお気に入りのフィギュアも多数ディスプレイしている

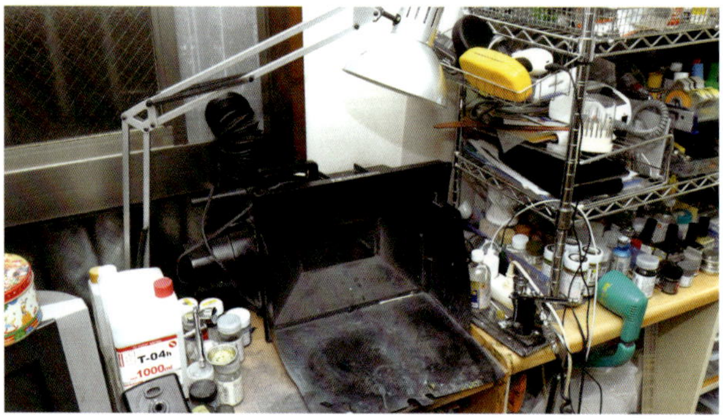

●愛用しているサークルカッターは
スーパーパンチコンパス（梅本デザイン）

●窓際のローテーブルに設置した塗装ブース（タミヤ製スプレーワーク ペインティングブースII ）に専用の白熱灯を設置して塗装時に点灯させている。塗装の際には、一度ウエットティッシュなどでこの周辺を（ライトも含め）すべて拭き掃除をして埃を除去する。そうすることで塗装時に塗面に埃の巻き込みを防ぐことができる。塗装ブースの排気のために、プラスチックダンボールを窓と同じ高さに切り出し、丸穴を開けてホースを通したものを準備。塗装時にこれを窓に挟んでいる。これで吹き返しもなく確実に外部へ排気できるのと、使用しないときはプラスチックダンボールごと窓から外して窓を閉めることができる

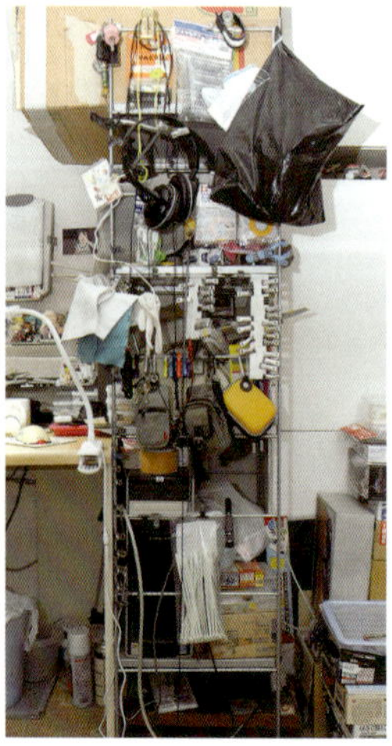

高橋浩二 / たかはしこうじ

1970年東京生まれ。湘南モデルカー愛好会所属。モデルグラフィックス誌・モデルアート誌でカーモデル・バイクモデルを中心にライターとして活動中。著書に新紀元社「自動車模型フル開閉化編」「自動車模型フル開閉&電飾超絶テクニック」がある

高橋浩二 [Homely Style]
KOUJI TAKAHASHI

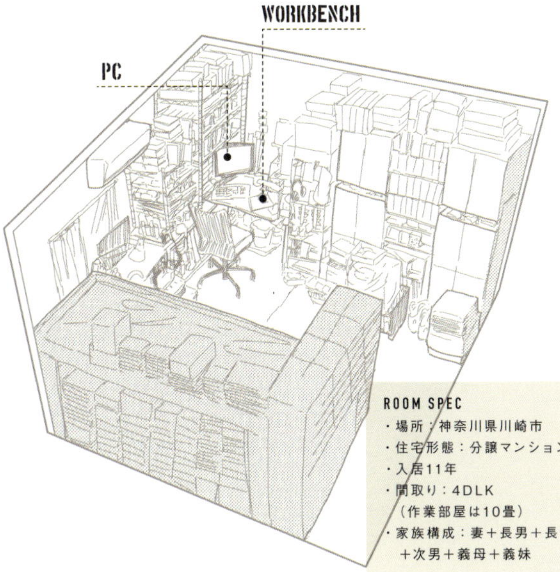

ROOM SPEC
- 場所：神奈川県川崎市
- 住宅形態：分譲マンション
- 入居11年
- 間取り：4DLK（作業部屋は10畳）
- 家族構成：妻＋長男＋長女＋次男＋義母＋義妹

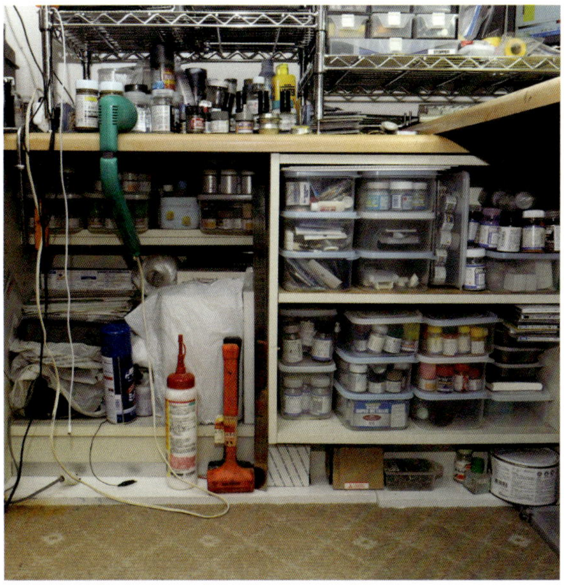

●塗料はタッパーに入れて作業テーブルの下に大量にストックしている。タッパーに入れておくことで溶剤の揮発を遅らせることができる。

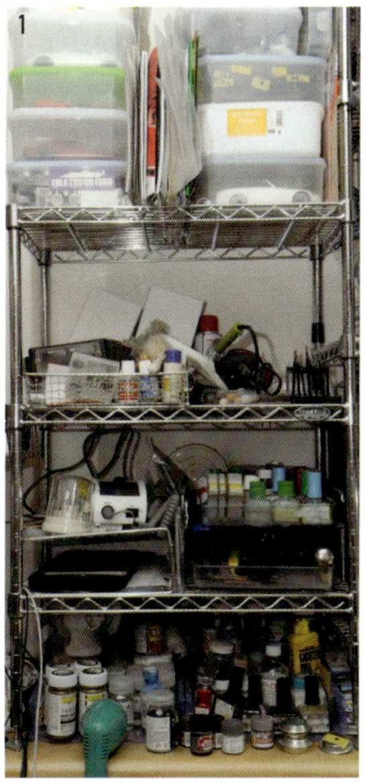

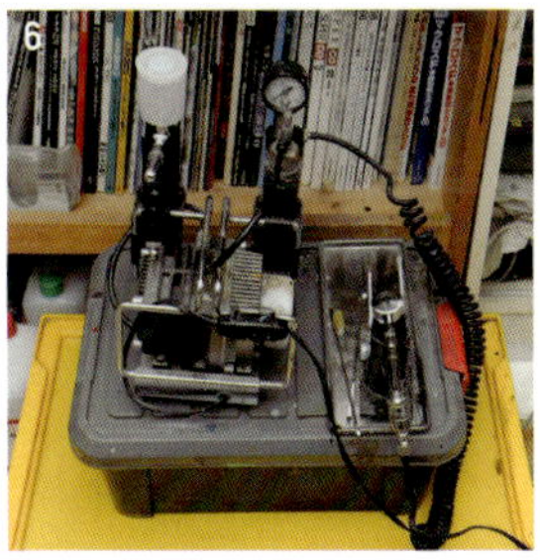

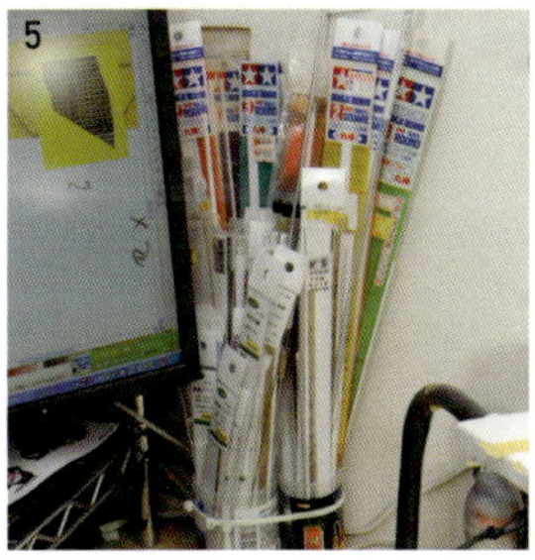

1：サイドテーブル上にもメタルラックで棚を設置し、缶スプレーやウェザリングマテリアル、ハンダこてなどのかさばる道具類を分類して保管している。**2**：メタルラックの最上部にはタッパーを利用してこれまでの作品のほか、作業中の模型なども分類、保管している。**3**：デカール製作用に導入されたカラーのレーザーライター「NEC Multi Writer5750C」。アルプス製MD5500からの乗り換えを検討しての導入だ。**4**：卓上の引き出しにはヤスリやピンバイス、ニッパーなどを保管している。**5**：卓上では綿棒のケースを数個結束バンドで結わえたものをおき、長いプラ棒や真ちゅう線などの管理に使っている。**6**：コンプレッサーはGSIクレオスのMr.リニアコンプレッサーL5を使用

マンションならではの悩み、静寂性は大事ね

11年前、自宅マンションを購入して間もなく自分の意図とは無関係に義母と同居することになりリビングに居座れなくなった私は自分の部屋に引きこもることに。就職するまで楽しんでいたプラモデル作りを復活させました。

まず壁にぶち当たったのは塗装機材をどうするか。エアブラシは早々に用意したものの、エア缶ではすぐにエア切れとなることに頭を悩ませ、コンプレッサーを導入。集合住宅という事もあり、騒音の少ないGSIクレオスのL5を導入。しかし調子よく塗装すると今度は室内に塗料の飛沫が浮遊する事態に。これは確実に体に悪いのでタミヤの塗装ブースを導入。これも選定にあたっては静音を重視して選びました。塗装ブースは窓際に設置。溶剤臭はどうしようもないので塗装中は防毒マスク着用、塗装後は窓を開けて換気をしています。親類の払い下げ勉強机を設置、その左右にラックを置き、左脇のラックには各種工作道具やモニター、キーボードを並べてます。右脇にはプリンター類を設置、椅子に座って手に届く範囲にほぼ必要なものが揃います。

模型作りを再開した理由が理由だけに家族には文句は言われてないけど嫁さんには負担をかけてるかも。申し訳ないです……■

クリップライトは効果的

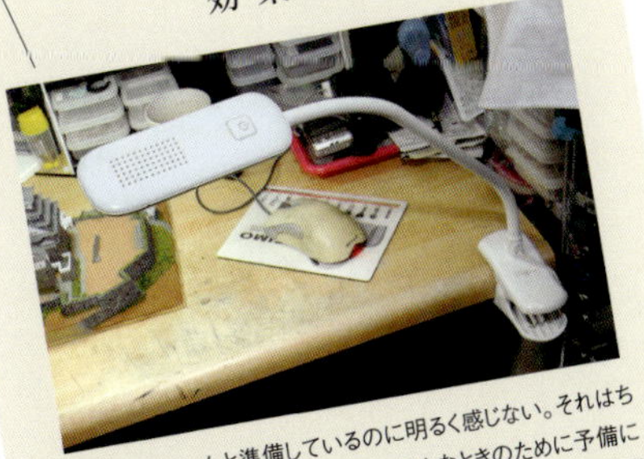

●ライトをちゃんと準備しているのに明るく感じない。それはちゃんと手元を照らせてないのかも?。そんなときのために予備にクリップライトを準備しましょう。机の手前側から手元を直接照らすことで格段に視認性が高まりますよ（高橋）

お前たちの換気扇選びは間違っている!?

換気のプロに聞く、実用で使える模型部屋の換気システムとは？

がっとねろ（ネロブース）
キャラクターモデルを中心に製作しているモデラーで本業は機械設備業を営む。本業の知識と技術を応用した自作の塗装ブース「ネロブース」を製作している。

■換気扇選びにご注意

模型部屋を作ろうとした場合、塗装ブースならびに部屋の換気をどうするのかは大きな問題です。卓上にブースを常設したり、普段は収納しておきながら使う際にその都度設置するなどやり方はさまざまですが、模型製作は有機溶剤を扱う趣味ですから、エアブラシでの塗装時だけでなく普段の作業中の換気も気にしたいものです。また家族、**とくに小さいお子さんやペットと同居している人にとって有機溶剤は健康、生命に関わります。**できればリビングやほかの部屋など作業部屋以外の部屋に溶剤臭が漏れないにこしたことはありません。そういった意味からも模型趣味にとって換気、排気の問題は重要です。

しかしながら、塗装ブースとして各メーカーから商品として販売しているものを使用しても、たとえば缶スプレーは使用できない、大量に吹いていると吹き返したミストが部屋中に充満するなど、期待した性能が得られない場合がままあります。そこで換気扇を買ってきて塗装ブースを自作する人も多くいますが、それでも思ったような結果が得られない場合があります。

これはいったい何が悪いのでしょうか？
それは選ぶ換気扇にあります。

■大事なのは「風量」と「静圧」

塗装ブースの自作派の人が気にするのが、「風量」というスペックです。「風量」とは、換気扇が1時間あたりに移動する空気の量のことで、単位は㎥/hで表します。もうひとつ、気にかけたい値が**「静圧」**という値です。これは空気が止まっているときにかかる圧力です。一般に説明される場合、これは風船に例えられます。膨らんでいる風船は、穴が開いていなければ、膨らんだ状態を保っていますが、このとき風船の内部から周囲のゴムを押しつける力が働いており、この圧力のように空気が動いていない時の圧力を静圧といいます。この場合問題になるのが、ホームセンターなどで購入できる一般換気扇や窓用換気扇はこの静圧がほぼ0に近いのです。風量や静圧の値から計算することができるのですが、**その値より外の風が強ければ、換気扇が回っていようが、風路がちゃんとしていようが風は吹き返してきます。**これではいつでも塗装できる環境とはいえませんし、模型部屋の充分な換気ができるとは思えません。（これらの一般換気扇や窓用換気扇は外が無風、もしくは微弱な風の場合に性能を発揮する作りになっています。普通のご家庭の換気扇が吹き返さない理由は、大概が外側にウエザーカバーが取り付けられており、これが逆風を防いでいるのです。）

塗装ブースの換気扇に静圧が必要なのは空気よりも重いミストを排出するために空気ごとミストを移動する圧力が必要だからです。

塗装ブースを考える際にはミストの排気だけでなく、**部屋ごと換気する、部屋の空気ごと入れ替えるという発想**が必要です。部屋の空気量は一定なので換気扇で出した分の空気を外から取り入れなければ室内の空気は排気できないからです。空気が入れ替わりますから、ちゃんと換気している部屋は気温が低い季節だとどんどん寒くなるのです。手元のミストだけ外に出せればいい、という考えでは他の部屋への臭気の漏れやミストの流入は防げません。

そこで塗装ブースを自作しようとする場合、風量があり、かつ静圧のあるファンを選ぶ必要があるのです。お勧めしたいのは**有圧換気扇やストレートシロッコファン**と呼ばれるものです。工場や地下駐車場、店舗などの空気環境を改善するためのもので業務用の送風機になりますが、最近ではホームセンターでも取り扱いがあるものがあります。市販の模型用塗装ブースは風量が１１０～２５０程度ですが、ストレートシロッコファンで４００～、有圧換気扇なら１１００～ほどの仕様風量があります。これらを使うことによって、理想の塗装ブースを作ることができると思います。市販の一般換気扇や窓用換気扇も風量は25センチサイズのもので７００前後と充分に思えますが、先ほど解説したように静圧がないため塗装ブースには不向きです。またトイレや換気扇で使われる天井扇と呼ばれる換気扇はシロッコファンが使われていますがファンの隙間が細く、ミストが詰まりやすい傾向にあります。

もちろん既存の既製品の塗装ブースではだめだという話ではありません。コストもそうですし、常設する場所がなく使い終わればその都度片付けるスタイルの方にはコンパクトなものが最適です。使い方や使用頻度で選べば良いのです。またファン自体も**一度導入すれば長年使えるかというと、そういうわけではありません。**週末に塗装

コレが"静圧"のある換気扇だ!

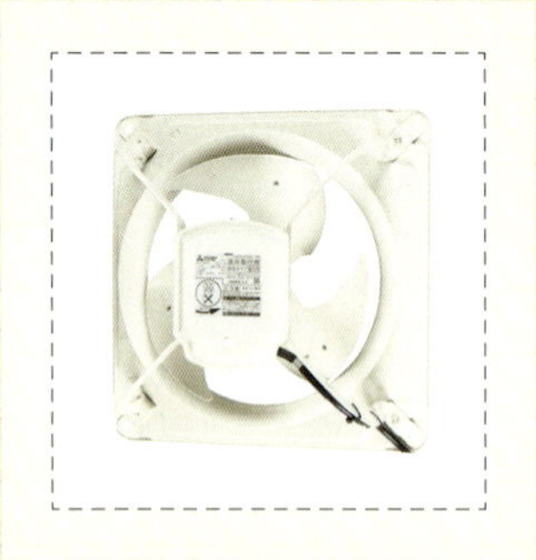

有圧換気扇
「EWF-25ASA」（三菱）
税別3万2000円

ストレートシロッコファン
「BFS-40SC」（三菱）
税別5万200円

●これら業務用ファンは各専門店ほか、ネット通販などでも購入できますが、取りつけ並びに電気工事には専門の有資格者があたる必要があります。電気工事は、適切に行わないと感電事故や漏電火災の原因になります。感電事故がはケガをするばかりでなく、死亡の危険性があります。購入、取りつけなどに関してはお近くの販売店などにご相談ください。

NERO BOOTH
JAPAN QUALITY/KOH_TOH TOKYO

これがネロブースだ!!

がっとねろさんが（電気工事有資格者）自作している塗装ブース、ネロブースは有圧ファンと独自に開発した塗装ブースの組み合わせからなるシステムだ。静圧、風量ともに充分なファンを使うだけでなく、チャンバー効果を狙った独特の形状をした塗装ブースは一次エアーのみならず、吹き返しなどの二次エアーも見事に吸い取り排気する作りだ。

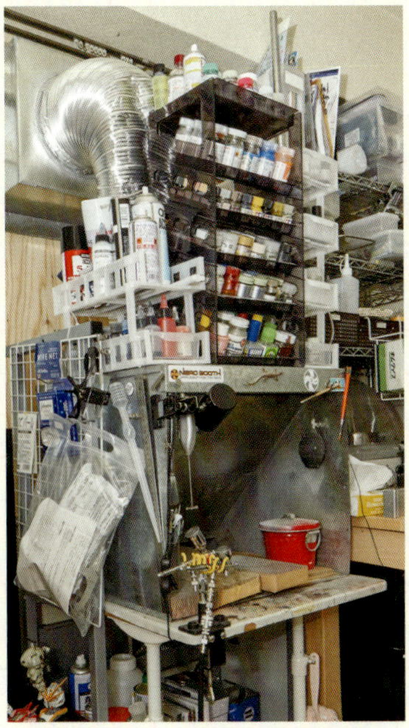

◀▲がっとねろさんのご自宅のネロブースの様子。大型のブースと窓に作り付けたファンのボックスからなる。場所はとるが削りカスなども吸い取るので、このブース自体を作業ブースととらえている。

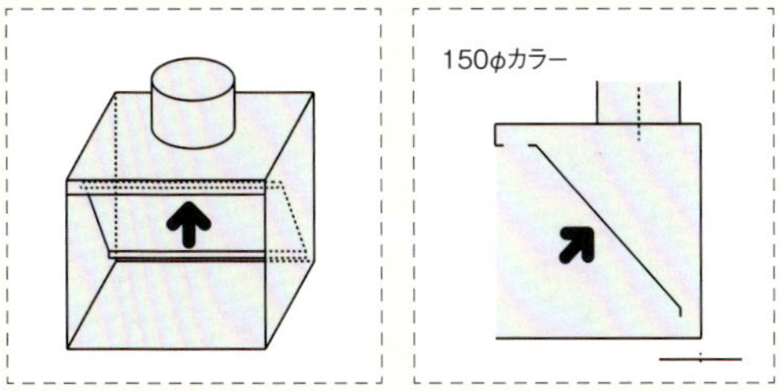

ネロブースの基本的な構造。なかの斜めの仕切り番がこのブースのミソなのだ

ネロブースを取りつけてみた！

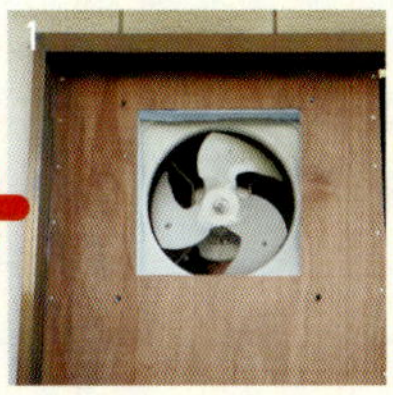

▲モデラー、ちいたわらかしさんの自宅にネロブースを導入。まずは窓枠にファンを固定する

▲ファンを始動。非常に強い風力があり、ティッシュ程度なら簡単に吸い込んでしまうため要注意

▲室内に塗装ブースを設置。今回は業務用のため超巨大なブースをセットした

▲試し吹きをするちいたわらかしさん。エアブラシはもとより缶スプレーを吹いても部屋にミストが残らない高い性能に大満足

する、といった使い方でもミストに含まれる溶剤や固着するミストでファンやモーターに負荷はかかりますので大体5年～10年が限度でしょう。そういったランニングコストも配慮する必要があります。それでも静圧のある換気システムの模型の塗装ブースへの応用はオススメですと言わざるを得ません。

もし自宅を新築やリフォームする際にそういった工作スペースが確保できるのでしたら、有圧換気扇による局所を機械換気する旨を業者さんに伝えて施工（壁に穴を開ける、排気ダクトを取りまわす、吸気口を設けるなど）してもらえるようにお願いすることで理想の模型部屋をつくることが可能になります。その際、部屋の大きさや条件に応じた換気扇を提案されると思いますが、「塗装の排気に使いたいので風量や静圧が大きいものが欲しい」と希望を伝えましょう。

■「ネロブース」シリーズ

そういったことを踏まえて、模型を趣味にしていて塗装ブースに関して既製品では物足りなく自作するようになりました。これが「ネロブース」と呼んでいる一連のシリーズで、先ほど説明した有圧換気扇、もしくはストレートシロッコファンと、亜鉛板を溶接して作った塗装ブースを組み合わせたものです。この「ネロブース」は非常に強力な排気力があり、**室内でのエアブラシ塗装はもちろん、缶スプレーの塗装も可能です。しかも外が強風の時や台風でも吹き返しがありません**。

このシリーズは、試作を繰り返しつつ、知人用のものを作っていて合計13台ほど製作し、現在も実際に稼働しています。それぞれに使いやすさや安全性を考慮しながらブラッシュアップしてきました。スタンダードなスタイルとしては、天面に排気口を設けた塗装ブースを設置し、排気口にストレートシロッコファンを取り付けます。そこから窓枠にスタイロフォームを利用してつっぱり棒で固定し排気パイプを屋外に逃がすという方法です。これでしたら**借家でも取り付けられますし、設置したまま**窓の開閉めも可能ですからね。

この塗装ブースもいくつか工夫しています。ただの箱ではなく、中に斜めに仕切り板を溶接しています。上下にスリットが開いていて、まずエアブラシからパーツに当たらず通過した一次エアーが奥の下のスリットから吸われ、模型に当たった二次エアーは上のスリットから吸い込みます。この仕切板の裏がチャンバーの役割をはたして、減圧されることで上下のスリットで均等に空気を吸い込んでくれます。このおかげで、この大きな塗装ブースの中のどの位置で吹いても吸引力に差が出るということはありません。

実際の排気能力ですが、このブースの中であればエアブラシで吹いたミストが外に漏れることもありませんし、臭気もほぼありません。吹き返しがありませんから缶スプレーを吹くことも可能です。塗装ブースのベンチマークテストで吸い口にティッシュペーパーが何枚吸い付くか、というものがありますが、この塗装ブースは**手前に複数枚丸めて置いていたティッシュが吸い込まれてしまうほどなので注意しないといけないほど**、といえば強力な排気能力についてわかってもらえるでしょうか？

こちらのシステムは知人のプロモデラーにも使っていただいて大変好評です。おかげさまで要望も多く、いずれ何らかの形でアマチュアの方にも使っていただけるようにしたいと思っています。■

※ここで紹介したネロブースが近日個人でも注文が可能になるとのこと。興味のある方は、mail：nerobooth.tokyo@gmail.com、もしくはtwitter：@NeroboothTokyoまでご連絡を

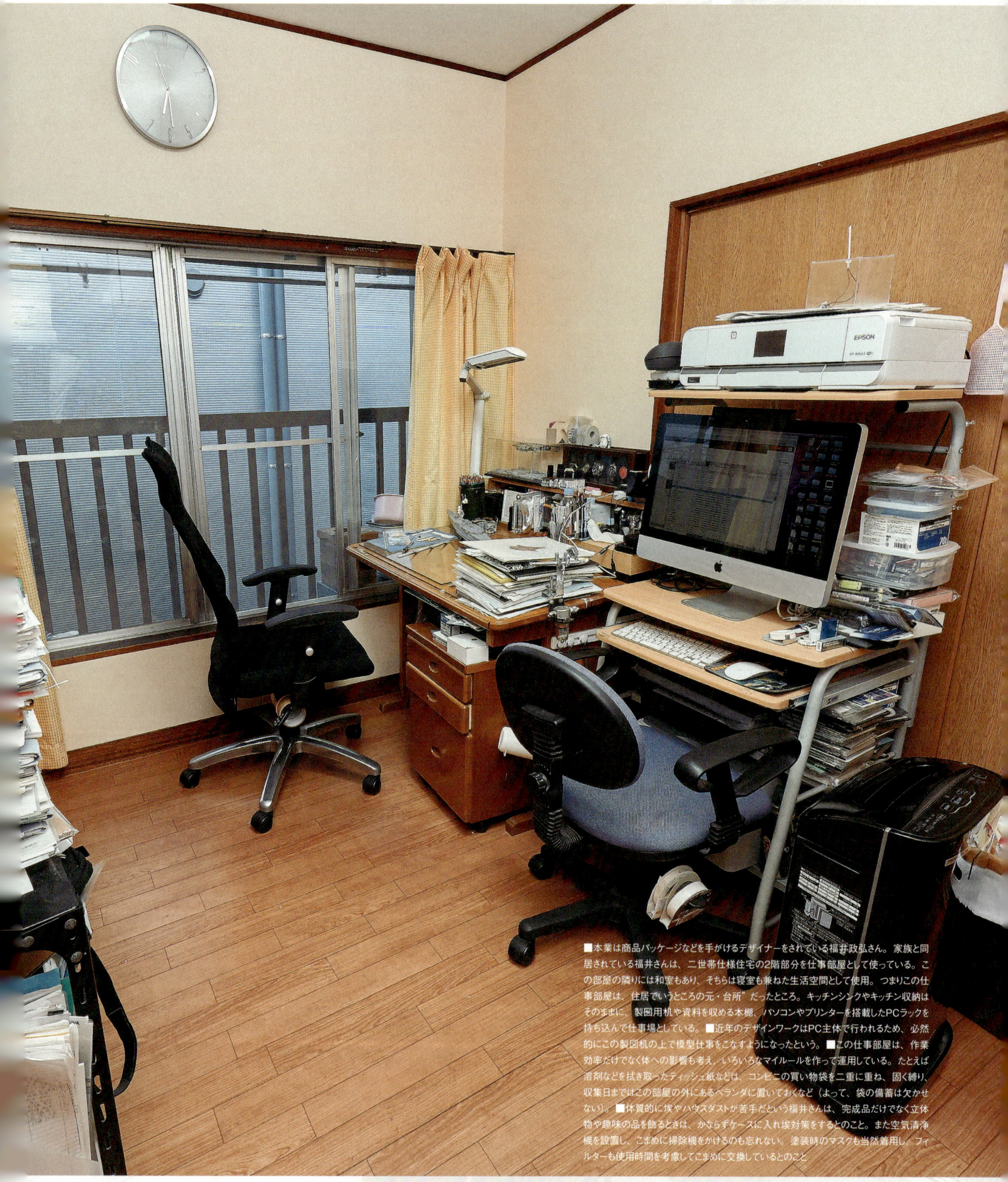

■本業は商品パッケージなどを手がけるデザイナーをされている福井政弘さん。家族と同居されている福井さんは、二世帯仕様住宅の2階部分を仕事部屋として使っている。この部屋の隣りには和室もあり、そちらは寝室も兼ねた生活空間として使用。つまりこの仕事部屋は、住居でいうところの元・台所”だったところ。キッチンシンクやキッチン収納はそのままに、製図用机や資料を収める本棚、パソコンやプリンターを搭載したPCラックを持ち込んで仕事場としている。■近年のデザインワークはPC主体で行われるため、必然的にこの製図机の上で模型仕事をこなすようになったという。■この仕事部屋は、作業効率だけでなく体への影響も考え、いろいろなマイルールを作って運用している。たとえば溶剤などを拭き取ったティッシュ紙などは、コンビニの買い物袋を二重に重ね、固く縛り、収集日まではこの部屋の外にあるベランダに置いておくなど（よって、袋の備蓄は欠かせない）。■体質的に埃やハウスダストが苦手だという福井さんは、完成品だけでなく立体物や趣味の品を飾るときは、かならずケースに入れ埃対策をするとのこと。また空気清浄機を設置し、こまめに掃除機をかけるのも忘れない。塗装時のマスクも当然着用し、フィルターも使用時間を考慮してこまめに交換しているとのこと

20
MODELLER'S ROOM

福井政弘［Homely Style］

MASAHIRO FUKUI

自宅のデザインオフィスで
模型製作もこなす

『月刊モデルグラフィックス』誌で多彩な『スター・ウォーズ』模型作品を発表する福井政弘さんはご自宅に個人事務所を構えるデザイナーでもある。模型製作はそのデザイン事務所でたしなんでいるというそのご自宅にお邪魔した

●事務所は一見フローリングの洋間にみえるが、作業場の反対側を覗けば台所だった頃の名残の流し台が見える。もちろん水も出るし給湯器も動く

■美大で出される数々の課題をこなすには学習机では手狭だったため、在学中に大きめの製図用デスク（中川家具／型番などは不明。素材はナラの木）を購入。天板が斜めだと作業しやすいのはもちろん、疲れにくいとか。幅1060㎜×奥行750㎜高さ730㎜というこの広さは、模型製作をするうえでも非常に便利。机の上に載せているのは専門の業者に切り出してもらった5㎜厚のガラス板。ガラス板は子供のころから愛用していて、塗料などの汚れも簡単に拭き取れるうえに、傷もつきにくく長持ちする。現在まだ2枚目だそう

仕事場なの？
模型部屋なの？

●本業用のiMac。ラック上は仕事用のカラーインクジェットプリンター（EPSON EP-976A3）。ネームプレート製作や、映像資料を見る際など、模型用にも使う。ラックの下にあるのはモノクロレーザープリンター（CANON LBP3300）。模型専用として導入したもの。Adobe Illustratorで図面を引く際、その出力には精度の高いレーザープリンターが適しているため導入。この出力を元にプラ板を切り出す

●英ダーウェント社製水彩色鉛筆。アナログデザイン作業時の名残だそうです

福井政弘 / ふくいまさひろ

1969年生まれ。幼少のころ近所に住んでいた叔父の影響で模型をはじめる。スーパーカー→ヤマト→艦船→ガンプラ→海外SF→F1と転々とした後、スター・ウォーズの模型製作に。さらに友人たちの影響で電飾を導入、光る模型に目覚める。最近では3Dモデリングに興味があり、まだまだ勉強の日々とのこと。本書のアートディレクターも務める

MASAHIRO FUKUI

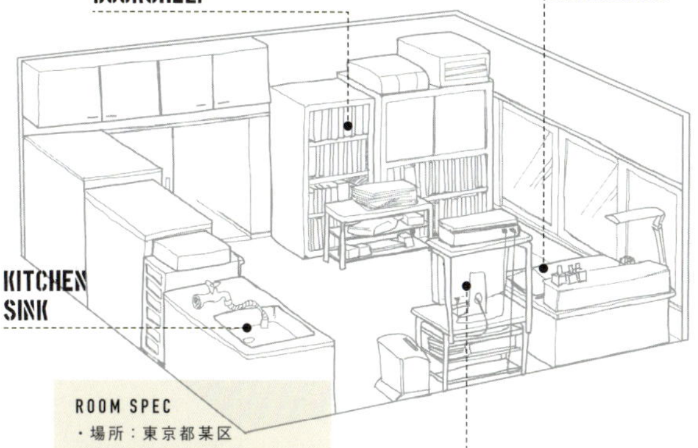

ROOM SPEC
・場所：東京都某区
・住宅形態：持ち家
（二世帯住宅仕様）
・築年数：約30年
・間取り：1DK
（自分用のスペース）
※メインの作業部屋は6畳

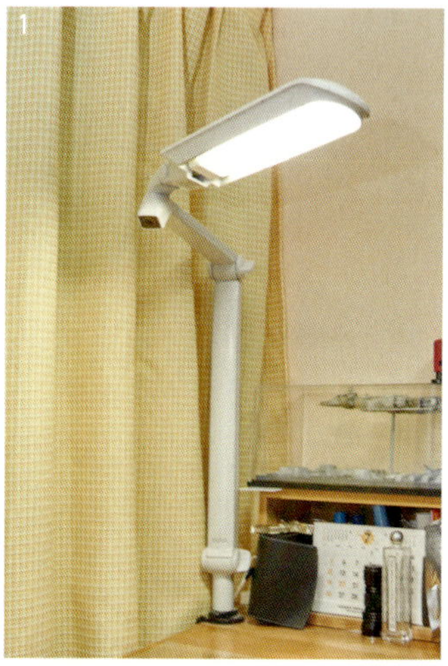

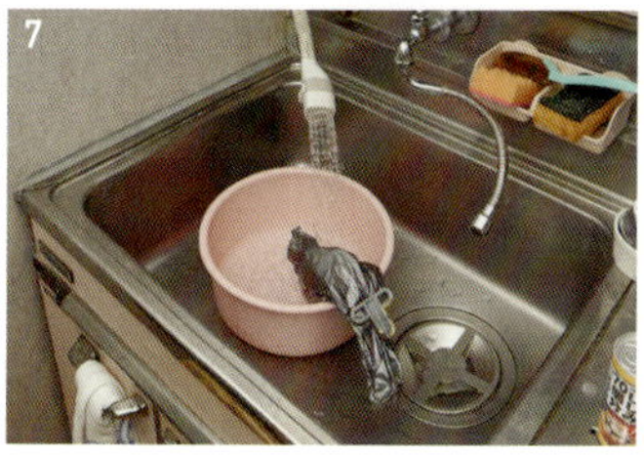

1：「LOVE EYEシリーズ（ナショナル:現:Panasonic）／生産終了）」＋ツイン蛍光灯27形（ナチュラル仕様）。可動部分が6カ所もあり、手元まで引き寄せやすい。**2**：机の引き出しには背の高さの合った塗料や工具類を収納している。使用頻度にあわせて整理しているので道具を探す手間はさほどかからないという。**3**：さらに使用頻度の高いスティックタイプのヤスリや調色スティックなどはアクリルのペン立てにさして卓上出管理。**4**：あまり使用頻度の高くない塗料やハンドピースなどは背面にレイアウトしたキャビネットに収納している。あくまで仕事部屋なのでできるだけ出しっ放しにしない配慮だ。**5**：無印良品のアクリル小物ラック。カーモデラーの中村たけやす氏が使っていたカール事務器の斜めのツールスタンドが使い勝手が良さげで、似たモノを探した結果これに辿り着いたそう。**6**：エアブラシ塗装するときのみ奥から取り出すコンプレッサーはGSIクレオスのL5を使用。比較的動作音が低く深夜の塗装もできるとのこと。**7**：ふつうのモデラーの部屋にはない流し台&給湯器だが、水研ぎやパーツの洗浄に重宝しているとのこと。写真のように袋に入れてサーフェイサーを温めることもあるという。

元・二世帯住宅の1フロアを事務所として占拠

私は本職がデザイナーで、自宅の仕事部屋を作業場としています。模型環境を意識するようになったのは、モデラーの友人が増えたここ数年のことです。幼少時は畳の上でプラモデルの箱のフタを裏返した上で作業し、小学校に上がると学習机が作業場となりました。当時は工具もニッパーと金ヤスリ程度だったので勉強道具といっしょに引き出しに突っ込んでいたものです。大学生になるとバイトするようになり、環境が整備されはじめました。美大の課題用が主目的でしたが製図用の大きめで天板の傾いた机や、夢だったエアブラシ&コンプレッサーも購入でき、製作はグッとやりやすくなりました。工具やマテリアルも増えたのでキャスター付きの引き出しに収納するようにもなりましたが、換気や作業の効率化という面にはまだまだ無頓着でしたね。

'08年の『スター・ウォーズセレブレーション・ジャパン』でその後模型サークル「DORO☆OFF」を結成することになる友人らと出会い、そこから芋づる式にモデラーの友人が増え、環境や工具の情報も入ってきましたが、とくに衝撃を受けたのはカーモデラーの中村たけやす氏の部屋です。氏の作品は清潔感があり非常に緻密なのですが、そのような作品作りのために作業の精度を上げつつ効率がよくなるよう、工具のレイアウトやカスタマイズ、照明器具、塗装環境など、あらゆることを徹底的に考え試みていました。その姿勢を見て、いかに自分が作業環境に無頓着だったか、それが製作スピードやクオリティにどれだけ影響しているかを痛感させられました。

会社から独立した際、いまの仕場を移したことも環境改善のきっかけ。ついでにここで模型も作れるようになりました。基本は仕事部屋なので本業を邪魔しない範囲でレイアウト。使用頻度の高いニッパー、カッター、定規、ピンセット、ピンバイス、ヤスリ類、接着剤、パテを効率よく取り出せるようにするだけで驚くほどストレスが減ります。すべてをプロと同レベルの部屋にするのは難しいですが、参考になる部分を取り入れるだけでもずいぶん違います。

今後の課題は、まず細長いプラ材や金属パイプ等の整理です。ラックにつり下げる方が多いと聞きますが、そんなスペースもなく、実体顕微鏡もスペースがなくて使えていません。3Dソフトも導入したいですが、OSの変更がネックで躊躇しています。とにもかくにも限られた空間をどう効率よく生かすかが今後の課題です。■

塗装ブースはそのつど収納します

●「仕事部屋なので塗装ブースを常設するスペースはありません。エアブラシを使用する時間は作業全体の20%あるかどうかなので、使わない時はしまっています」（福井）。塗装ブースを常設したいけど余裕がない、ブースの位置やサイズをどうすれば……といった悩みを持つスペースに余裕のないモデラーは、こういう考え方もありではないだろうか

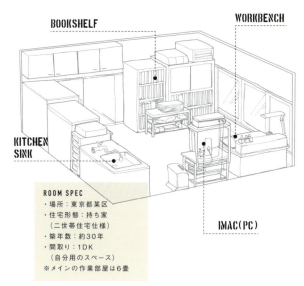

■雑誌作例のみならず、ロボ系の原型製作やガレージキットディーラーもこなすハタさんの本職はフリーのグラフィックデザイナー。そこで自宅には同業の奥様と一緒に作業するための一室が共同の作業場として設けられている。現在はそこで模型／原型製作の作業も行なっている。■日中は基本的に塗装はしないというルールがあるそう（締め切り直前の緊急事態のみ妻子は実家へ）。臭いの強いポリエステルパテを使った造形もしない。また手が汚れるエポキシパテ造形も本業を同時進行する際には妨げとなるので極力控えているとのこと。こういった造形作業は、夫人が日中の仕事を終え、自分のデザイン作業もひと段落した夜にすると割り切り、時間と部屋の使い方を完全に切り替えるルールをもうけているそう。■家族のある身としては、とくに臭いについて気をつかうとのこと。日中に模型作業をする場合は、パーツの切り出しや組み立て、スクラッチビルドパーツのためのPCによる図面製作など。臭いのしない作業のみ行なう。しかしプラモデルのパーツが目の前にあると本業のデザイン作業中でもついつい気になってしまうので、広い机を有効利用し、パーツを置いたカッティングマットごと横にスライドさせ、目の届かない位置に避難させる。■娘さんの誕生を期に、家庭内の環境全般の向上が課題にくわわったそう。臭いや粉塵対策だけでなく、まめな手洗いも励行している。子供のためだけでなく、指に付いた塗料や粉塵が作品に付着するのを防ぐ効果もあるという

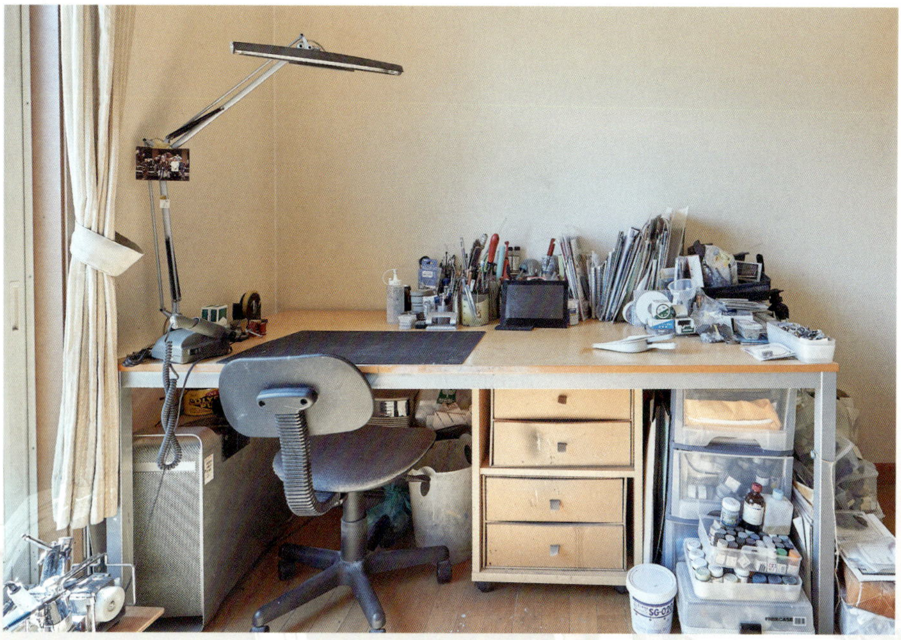

21
MODELLER'S ROOM

ハタ [Homely Style]

HATA

自宅兼デザインオフィスを作業場に。
夫婦共用の作業場で模型を作るには

家庭に職場があり、その職場で模型を作る。フリーで仕事をされている方が模型を楽しむ場合、そんなケースが多いようです。ガレージキットディーラーもこなすハタさんはどうやって折り合いをつけているのでしょう

●オフィスは2階建てメゾネットの2階の一室。デザイナーらしく実用的に整頓されたオフィスとなっている。大型の窓から光がさし明るい室内が印象的だ

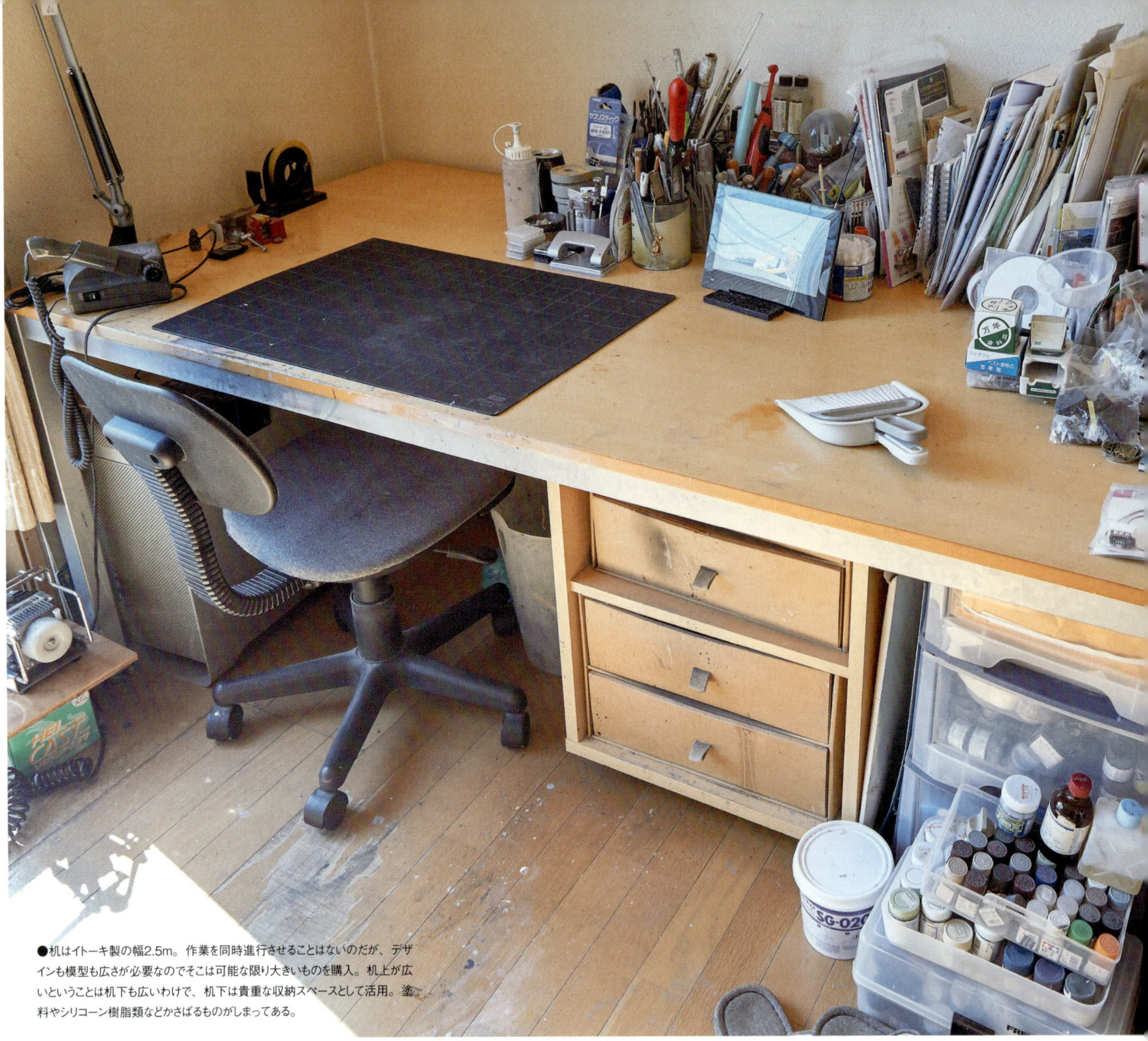

●机はイトーキ製の幅2.5m。作業を同時進行させることはないのだが、デザインも模型も広さが必要なのでそこは可能な限り大きいものを購入。机上が広いということは机下も広いわけで、机下は貴重な収納スペースとして活用。塗料やシリコーン樹脂類などかさばるものがしまってある。

大型の机を中心に模型／デザイン作業を切り替える共用スペースというしばりがリズムを生む

●本業のデザインが版下作業だった頃から愛用しているソルベックス。図面をプラ板に貼り付ける際に使うスプレー糊の汚れを取る時などなど、何かと重宝しています

ハタ / はた

'73年生まれ。多感な小学生時にリアルロボットブームの直撃を受けた黄金世代。まさか40歳を越えてもロボットのプラモデルを作っているとは思いもよらず……でもそんな自分が嫌いじゃない（笑）。最近は水性塗料をいろいろ試したいと思っている。本書のデザイナーでもある

●在庫キットはこの部屋のクローゼットのほかに2つ占有している。上棚にあるタッパーは増え続ける塗装見本や作例。飾りきれないので、メモ書きシールを付けて保管している

21 MODELLER'S ROOM

ハタ [Homely Style]

HATA

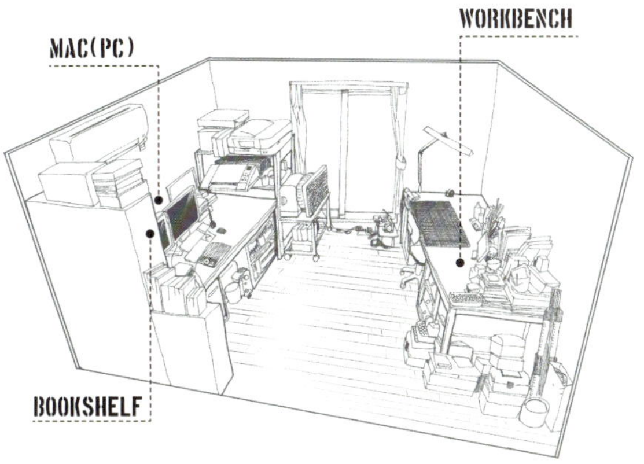

ROOM SPEC
- 場所:東京都某所
- 住宅形態:賃貸メゾネットタイプ
- 築年数:10年
- 間取り:2LDK(二階建て)
- 作業部屋は6畳
- 家族構成:自分・妻・娘・犬(フレブル♀)

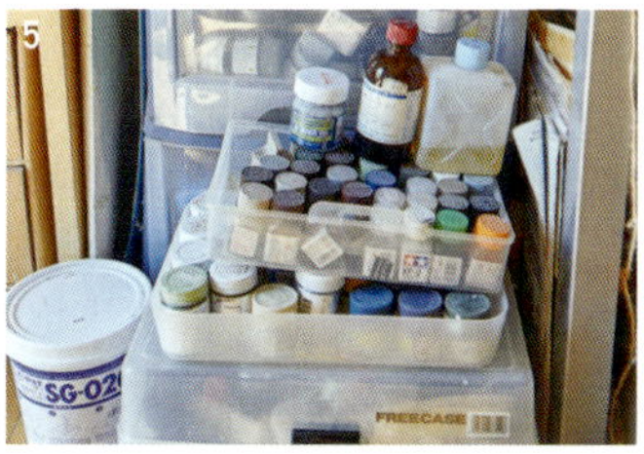

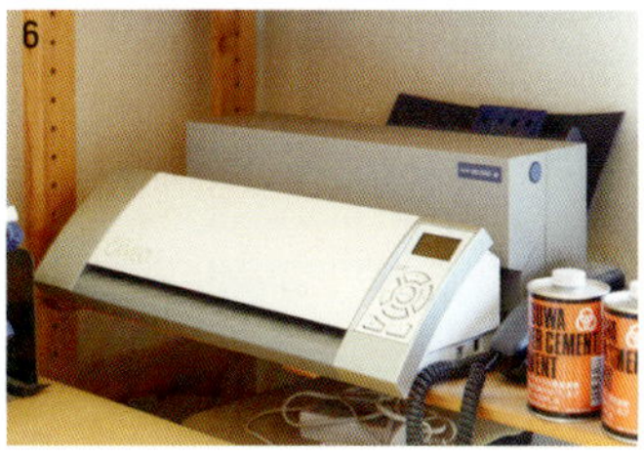

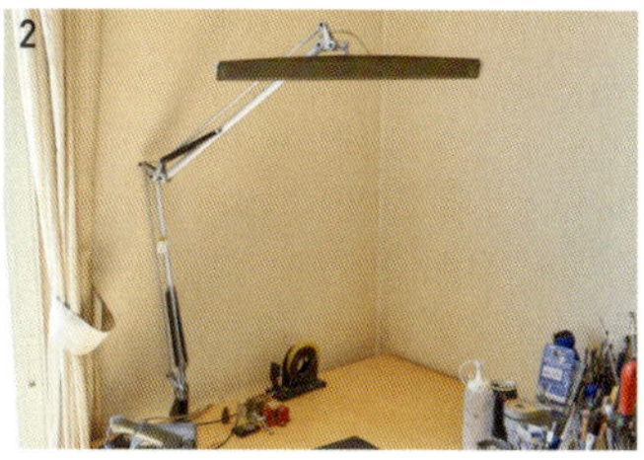

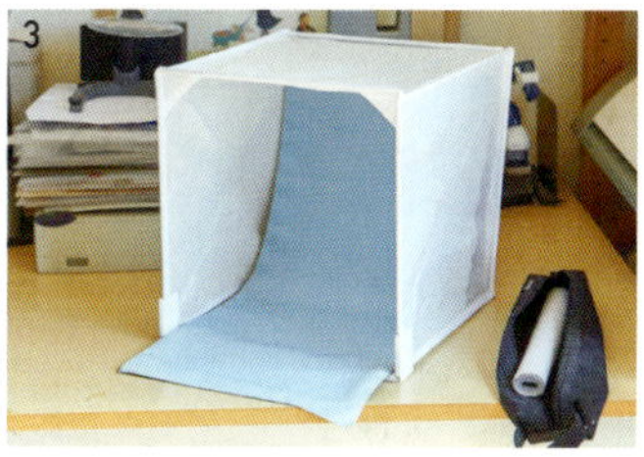

1:机の上にはニッパーやカッター、ナイフなど使用頻度の高い道具を保管。こまかく分類したりせず、大雑把にまとめている。作業切り替え時間短縮のため、使ったら戻すを厳守すればあとは取り出しやすければOKというスタンスにしている。**2**:山田照明のZライト。1万7000円ほどで購入。電球は蛍光灯を使用。照明をいくつも置けないので、可動性も重視。**3**:HAKUBA製デジカメスタジオボックスDSB-75。シンプルな作りだが手軽に模型の撮影ができるので手放せない。**4**:塗装時にパーツを挟む目玉クリップは樹脂製のトレーに収納。**5**:塗料も使用頻度の高い物はトレーに、そうでないものはケースに入れてざっくりと管理している。**6**:デカール作りに使用するアルプス電気のMD-5500や、マスキングテープの切り出しに使うローランドのカッティングプロッターなども常備。**7**:塗料のみならず、あらゆる資料、パーツ、道具などは無印良品製のポリプロピレンケースを多用しスタックして収納している。**8**:コンプレッサーはGSIクレオスのMr.リニアコンプレッサーL5。作動音が小さく、比較的安価だったので購入。ハンドピースは通常塗装用、メタリック塗装用、サーフェイサー吹き用と常時3本を用途別で使い分けている(メーカーはWAVE製とGSIクレオス製)

家族が増えるたびに、模型環境にも転機が訪れて……

僕の本職はロゴやリーフレット等のデザインをするフリーのグラフィックデザイナー。自宅の一室を同業の妻と事務所として共用で使っています。本来なら模型作業は別室で、となるのでしょうが、そこは狭い住環境。模型作業も同部屋で、妻の顔色をうかがいつつ行なっています。

この家に引っ越してきたころはいまほどガッツリ模型を作る人ではなかったので、作業時は工具類を机の引き出しからガバッと取り出し、作業が終われば元の場所に戻す、という行き当たりばったりモデリング! いまでは考えられないのですが、塗装ブースすらなかったので窓だけは開けてエアブラシを吹き、その度に妻から「臭い!」と怒られておりました(笑)。

模型環境を意識するようになったのはワンフェス等の模型イベントへの参加や本誌でのモデラー活動を開始したころからでしょうか。これまでの環境ではあまりに作業効率が悪かったのでデザイン作業と模型作業を一部屋で両立できるよう、時間の使い方を見直したり環境を整備し(整理整頓も含む)その甲斐あって、切り替えがとてもスムーズになりました。ふたつの作業と上手に向き合えるようになったことで、ある程度満足をしていたのですが、数年前に娘が誕生し環境の見直しを迫られることになりました。まずは臭気。有機溶剤などの臭いを幼い娘に嗅がせるわけにはいかないので、扉の開閉にはいままで以上の注意を払うようになり、塗装作業時は塗装ブースで拾いきれないミストを追い払うため、作業がひと区切りついたタイミングごとに窓を全開にして換気するようになりました。

次に粉塵対策。模型製作において「削る・ヤスる」の行為は切っても切り離せません。なので、その際に発生する粉塵をリビング等の生活空間に持ち込まないよう、作業部屋専用のスリッパを着用。また手洗いもさらに励行するようになりました……と、当たり前のことばかり言っているような。これまで周囲への気遣いがなく、あまりに無頓着だったってことなんでしょうね。反省。

この部屋がMG本誌にて掲載された当時、娘はまだハイハイ状態だったのですが、それも今や1年半前の話。ついにこの部屋の扉を開けて入ってくる時がやってまいりました……。恐れていた事態になってしまったんですね。普段の生活では目にすることのない数々のモノに対し娘のワクワクが伝わってきて……お父さんは入室禁止をどうやって説明するか大変困っております。どうしよう(涙) ■

塗装ブースを移動式に

●以前は塗装場所を固定していたが、作業していない時間もそれなりのスペースを占有してしまい、大人ふたりがせわしなく移動する環境では邪魔になってしまうこともある。そこでコンプレッサー以外はキャスター付きのワゴンに載せる「移動式」に変更。狭い室内で快適な動線を確保することは重要

■家族と同居している小田俊也さんは、二階の一室を寝室兼作業場としている。■部屋は変形した6畳ほどの洋間。ここに作業机と資料用本棚、在庫模型用スチールラック、ノートPC、冷蔵庫（飲食用）、ベッドが置かれ一日の大半をここで製作しながら過ごす。■PLUSの事務用スチールデスクの上に、製作ブースと塗装ブースを同居させたコンパクトな環境。■乾燥ブースは日立のKD-M5SKという温風タイプ食器乾燥機。熱価が高めなようで、過去には乾燥させていたパーツが変形したこともあった。なのでフタを少し開けてなかの温度を調節して使っている。■机の横には移動式のキッチンワゴンを置いて、キットの箱を広げたり、塗装用具の収納をしている。■椅子もPLUSの事務椅子。30年以上経っているので、あちこちヘタっている。■照明は部屋備え付けの蛍光灯のほか、作業机の直上に20Wの蛍光灯を吊り下げてある。■窓の換気扇は東芝のVFW-20X2という窓付けファン。羽根のサイズは20㎝ほど。面倒な取りつけ工事は全く不要で窓も閉められる

●小田さんの作業机は小ぶりな事務机の上に汚れ防止の敷紙を敷き、塗装ブースを常設している。まめな整頓と効率のよい作業手順を心掛けているので、さして不自由を感じないという。「しかしスペースが狭いぶん、製作スピードが上がらないですよね。できれば広いスペースにして製作スピードを上げたい」といいつつも最適化された使い勝手のよい作業机は清潔に保たれている

22
MODELLER'S ROOM

小田俊也［Homely Style］

TOSHIYA ODA

●部屋に在庫する模型はカーモデル中心

アトリエ兼寝室 シンプルながら超絶模型を仕上げる工房

『月刊モデルグラフィックス』など各模型誌で、圧倒的な完成度をほこるカーモデル作例を発表する小田俊也さん。現在は本職のフィニッシャーとしてカーモデル製作を中心に活動している小田さんに、作業部屋についてうかがった

●変形した室内には必要最低限の家具、道具のほか、小田さんの私物も多数置かれている。作業場兼寝室では効率的な収納も考えられている

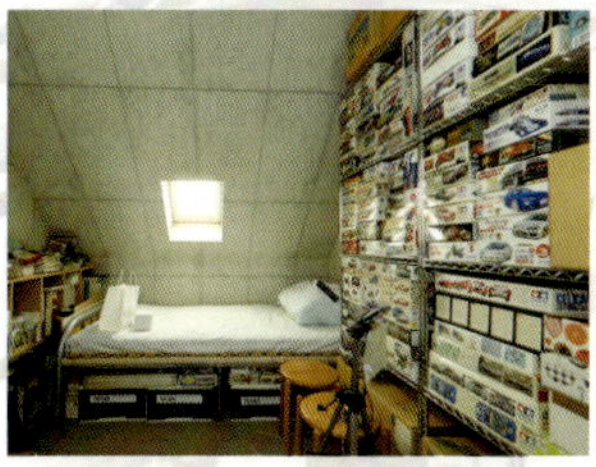

22 MODELLER'S ROOM

小田俊也 [Homely Style]

TOSHIYA ODA

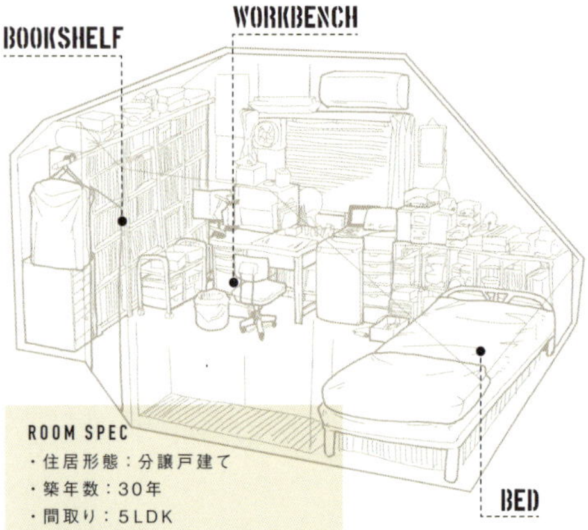

ROOM SPEC
・住居形態：分譲戸建て
・築年数：30年
・間取り：5LDK
・家族構成：母、本人、ワンコ1匹

●机正面の段ボールケースの天面にはパソコン CPUを冷却するためのファンがネジ止めされており、これでまずは塗装時のミストを上にすい上げ、換気扇で排気するというしくみ

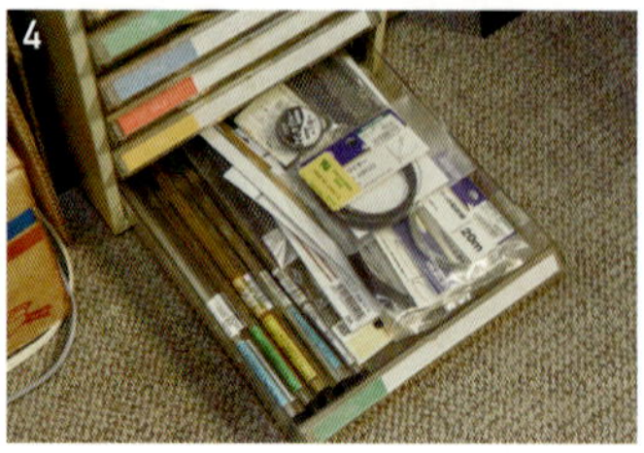

1：頻繁に使う道具や筆、金尺などはペン立てでテーブル上で管理。2：そのほかのナイフや金ヤスリ、ワニクリップなどは引き出しを活用して収納している。3：塗料は一括して引き出しケースに入れて収納している。塗料はGSIクレオスのものから調色して使用。「タミヤカラーで指定されてもMr.カラーにない色ってあるでしょ？ それは調色しています」（小田）4：真ちゅう線やワイヤー、パイプなどは各径のものをひととおり買い揃えて保管している。5：途中写真も自分で撮影。自分と机の間に三脚を立て、セルフタイマーを使って、自分の目線で手元を写す。これが臨場感あふれる途中写真のヒミツ。カメラの下には小さなレフ板も付け、暗くなるのを防ぐ。6：溶剤や各種接着剤は卓上で管理している。7：コンプレッサーはGSIクレオスL7リニアコンプレッサーを愛用。机横のキッチンワゴン内に中空で設置している。こうすると床置きより振動が少ない。8：微細なリード線、透明パイプ、リベット、etc。現在カーモデル用の汎用素材はそのほとんどが絶版状態。店頭で見つけたらなるべく購入するようにし、こうやってファイルに保存している

ホコリ対策？ 付いたら取ればいいんだよ

以前は神奈川県で気ままなひとり暮らしをしておりましたが、10年程前に家庭の事情により、茨城県の実家に戻りました。実家と言っても、私がいないあいだに建てられた家でして、すでに私の居場所などはなく、とりあえず確保した6畳ほどの空間を寝室兼作業部屋として使用しています。

作業部屋を作るうえでまず考えたのが塗装環境のこと。やはり屋内で吹き付け作業ができたほうが作業効率がよいし、キレイに仕上がります。ひとり暮らしのころは、アパートの台所の換気扇の下にダンボール箱を置いてそのなかで塗装をしておりました。それがまあまあよい具合だったので、この部屋でもまずは窓用換気扇を取り付けて、その下にダンボール箱の塗装ブースを設けました。ダンボール箱には取り替え可能な換気扇用のフィルターと排気ファンを取り付けて、簡単な集塵機能を持たせてあります。まあ完璧にクリーンな塗装環境という訳ではありませんけど、いまのところ健康被害もないし、ご近所様からの苦情もありません。

塗装環境としてもうひとつ重要なのがコンプレッサー。以前はタミヤ製の安いヤツを使っていたのですが、機能的には問題ないものの、音がヒリヒリと耳障りでやかましい。家族と暮らすということもあり、音の静かなGSIクレオスのリニアコンプレッサーに切り替えました。おかげで夜間でも気がねなく作業できます。

あと、エアブラシを使ううえで、洗浄後の廃液はなるべく出さないように工夫してます。塗装後の初期のうがいは筆洗いの上澄みを使用し、塗装ブースに吹き捨てます。うがいがキレイになってきたら溶剤は筆洗いのビンに溜めて、次回に再度使用するという具合。また、溶剤の染みたティッシュなどは換気扇の枠に干して、臭いを飛ばしてから捨ててます。

冒頭でも述べたとおり寝室兼の作業場ということで、ホコリが立ちやすく、あまり理想的な環境とはいえません。カーモデルのグロス塗装などはある程度気を遣います。まあ、精密工場の無塵室でもないかぎり、ホコリなんていくら神経質になっても付くときは付くものだと思っていますので、お気楽に、付いたら取る、取れなきゃ諦める、ぐらいなつもりでやってます。

今後の展望としては、もっと大胆に効率化を図っていきたいなぁ……などと考えてはいます。でもなかなかそこまでは踏み込めず、むしろ性格的にちょっと気を緩めるとすぐにゴミ屋敷化してしまうので、そちらに気を付けなければ……。■

小田俊也 / おだとしや

1965年生まれ。模型は車・バイクモデルを専門に製作。本誌でもF1やバイクなどの作例を多数担当している。もちろん実車も大好き。所有しているのは、ヤマハTDM850と、最近衝動買いしたミラジーノ

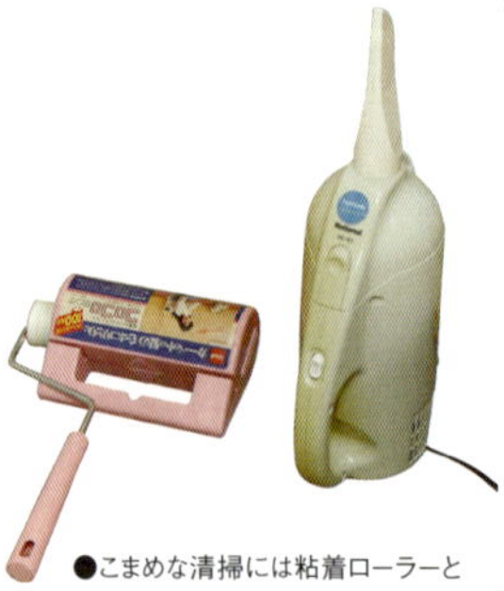

●こまめな清掃には粘着ローラーとハンディ掃除機がかかせない

明かりをつけましょ 模型卓に

「模型製作環境には明かりが必要です」なんて、そんなのいまさらでしょう。でも「ただなんとなく……」で選んでいたりしませんか? ここでは必要な明るさからちょっとしたTips 、発色のハナシまで、家電量販店で見るだけじゃわからない、照明選びのポイントをご紹介します!

その1 模型製作に手元照明が必要な理由 そして充分な光の量とは?

◀弱い光の下では見えなかったキズが、強い光の下ではあらわに……。充分な光を確保できていないとこういうことも起こりがち

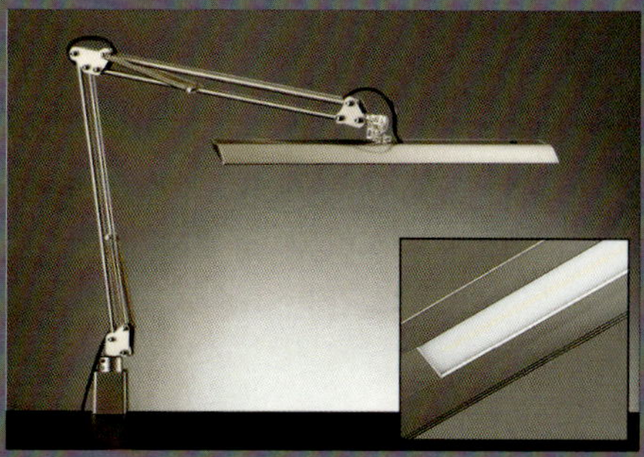

▲LEDアームスタンド　Z-10N
(W ホワイト/B ブラック/SL シルバー)
(山田照明　税別1万7800円
全光束1055lm　色温度5000K
平均演色評価Ra80)
本誌作例モデラーにも愛用者が多い、LEDアームスタンドのベストセラー「Z-LIGHT」。ヘッド部分は軽量薄型で動かしやすい。多数のLEDがびっしり並べられた光源は面で発光するのに近く、均一でやわらかな光が特徴だ

充分な光があると工作や塗装のアラがよく見えますが、これは「仕上げ前に荒いところに気づければ、修正してキレイに仕上げられる」ということにもなります。さらに明るすぎない程度に手元を明るくしておくと目への負担も軽減できますので、照明は模型製作環境全体を向上させるためには重要なものです。では具体的にどのようなものが必要かというと、おおむね60型(60W)(LED電球では「全光束800lm」)~100型(同1500lm)程度の明るさが模型製作に適しています。色は赤すぎず青白すぎない色である昼白色(色温度5000K)が無難。これらの条件をもとに照明器具を選ぶとよいでしょう。■

その2 場合によっては 補助光源も導入

「机は照明スタンドで照らしてるよ」って方も、塗装ブースのなかが暗かったり、こまかい作業をするときに手が陰になって充分光が行き渡っていなかったり、なんてことありませんか?

そんなときは、クリップライトでメインの照明スタンドとは別方向から照らしたり、スリム照明を塗装ブース内に貼り付けるなど、補助照明を導入してみましょう。ちょっとしたアイデアですが、これでずいぶん作業が楽になりますよ♪ ■

▶ELPAのスリム&フラットLEDライトを塗装ブース内に仕込んだ例。軽量なLED照明なので両面テープで貼り付けられる

遮られる場合

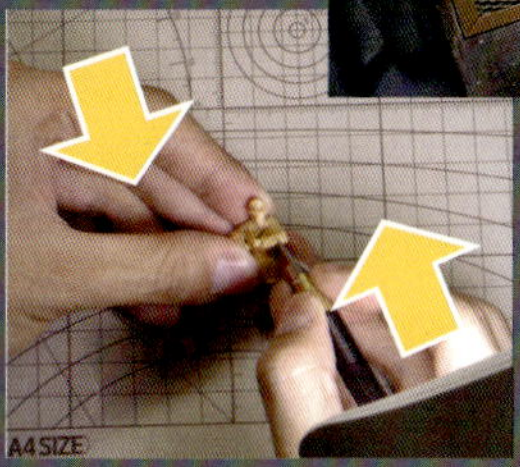

◀文字を書く時に便利なのでついつい利き手と逆上方からのみ照らしがちだが、両手を使う模型製作では陰ができる場合も。補助光を追加することで対処しよう

手元からの光を追加

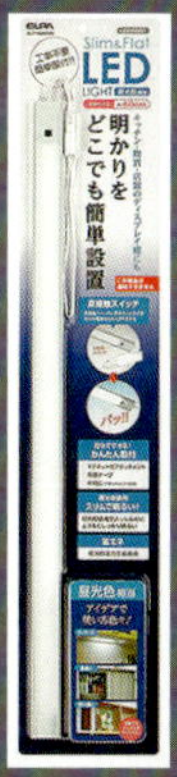

▶スリム&フラットLEDライト　ALT-1060IR(D)
(ELPA　エルパ・ダイレクト価格税込5370円
全光束550lm　昼光色　平均演色評価Ra80)

▶磁石や両面テープで貼り付けて使え、スイッチは手をかざすだけの赤外線仕様で照明に触れずに済む。長さのバリエーションとして30㎝、90㎝のものも

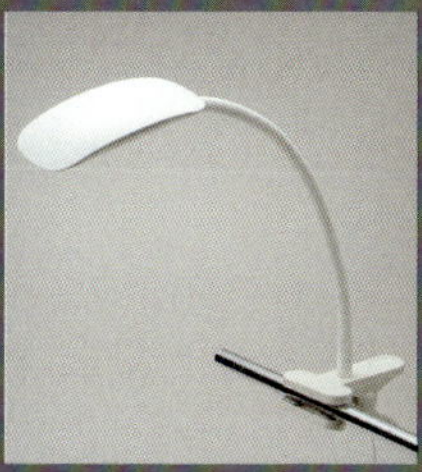

◀LEDクリップライト
MA66-C(WH ホワイト/BK ブラック)
(ニトリ　税別2848円
直下30㎝照度1000lx
昼光色)

◀自在に曲がるアームで光源位置の微調整が可能。高輝度LED12灯で光量も充分

デキるモデラーは発色にもこだわれ! その3

ここは「蛍光灯の下で調色して塗ったけど、太陽光で見てみたらなんだか赤がドギツい……」なんて経験をしたことある人向け。じつは一般的な蛍光灯やLEDには赤の発色が悪くなる傾向があります。そのために蛍光灯下で赤系、とくにフィギュアの肌など微妙な赤の色あいで塗装しようとすると、赤の発色がいい太陽光下で「キツい」となるのです。これを避けるには、美術館や印刷現場で使われる高演色ライト(バイタライトやトルーライトが有名)や、それ以外でも「高演色」をうたう製品から、演色指数(Ra)が90以上のものを選ぶとよいでしょう。■

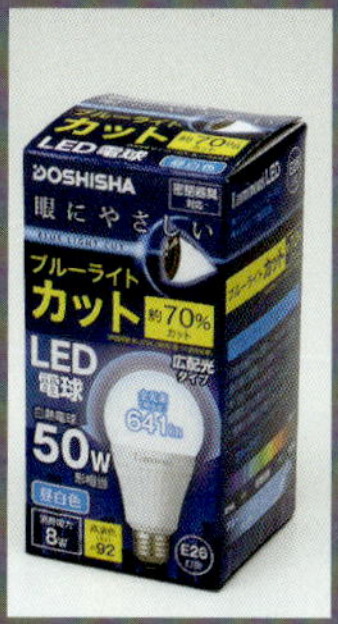

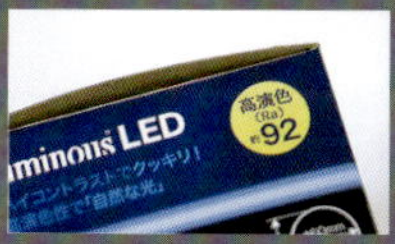

◀▲LEDは蛍光灯と比べて演色性を高くしやすく、安価な高演色LEDライトも増えてきている
LED電球　LBCA50N-G
(ドウシシャ　実勢価格税込1400~3000円程度 全光束641lm　平均演色評価Ra92)

照明選びのために 覚えておくと便利な用語集

全光束(ルーメン/単位lm)
照明がどれだけの光を発しているかを表す単位。おおむね500lm程度で40W型電球、800lm程度で60W型電球、1500lm程度で100W型電球相当の光量となる

照度(ルクス/単位lx)
照明そのものが発する光の量ではなく、「どのくらいの明るさで照らされているか」をあらわす単位。日本工業規格(JIS)の「照明基準総則」では、精密作業には1000~1500lx程度の明るさが必要とされている

色温度(ケルビン/単位K)
光の色をあらわす単位。数値が低ければ赤っぽい、高ければ青っぽい色となる。おおむね電球や電球色は3500K、昼の太陽光や昼白色は5000K、澄み切った空の下の太陽光や昼光色は6500Kとなる

演色指数(Ra)
太陽光下と比較した色の見え方をあらわす指数。100に近づくほど太陽光に近く、発色が自然となる。電球はRa 99~100、一般家庭用蛍光灯やLEDはRa 70~80程度の製品が多い。「電球は全部赤っぽく見えるのに色の見え方が自然?」と思うかもしれないがあくまで同じ色の太陽光との比較による指数で、照明そのものの光の色あいは関係ない

■郊外の住宅地に戸建ての自宅を構える加藤優介さんは、本職は大手企業のサラリーマン。休日を使って雑誌作例や趣味模型を製作している。■モデラーやトイコレクターの部屋といえば、そのコレクションや在庫、完成品で溢れかえっているものだが、加藤氏の模型部屋は非常にシンプルで、8畳洋室の窓際半分ほどのスペースに作業机、材料や資料、在庫に工具をしまう金属製のラック、そして大きなショーケースがおいてあるのみ。衣服類など本人の私物はこの部屋で完結している。■加藤氏はSF映画マニアで子供のころから『スター・ウォーズ』『バック・トゥ・ザ・フューチャー』などの模型やトイを収集。これまではそれら収集物で自身の部屋は溢れかえっていたが、引っ越しや結婚、子供の誕生を経て、本当に厳選したものだけを残した結果、このようにシンプルな状態にいきついたという。現在はすぐに作らないキットはなるべく購入することを控えている。またサラリーマン以前はトイショップの経営をしていたこともあり、家族はいまでもこういった趣味に対する理解は深い。■結婚し、家庭をもつ現在では「家族第一」とし、模型作業は家族が就寝してからというルールを徹底している。また溶剤臭などに対しては幼い子がいることからも気を使い、作業中もこまめな換気をこころがけている。当人が在宅のときのみ子供たちの入出を許可しているそうだ。

23 MODELLER'S ROOM

加藤優介［Homely Style］

YUSUKE KATO

自宅の一室に作業場を設置 コレクターながら部屋はシンプルに構成

『スター・ウォーズ』模型作例などで活躍する加藤優介さんの模型部屋は、将来は娘さんの個室になる予定だという二階の一室を占有している。家族優先だというその模型部屋のあり方とは

●ホビーショップ経営時代から使用している、中古品で3万円ほどのショーケースに作品を展示している。作例などの完成品は別途ダンボールで保管し、たまに入れ替える。こうやって展示して見せるのも家族の模型趣味に対する理解にひと役かっているという

●作業机は天面にビニールマットを引いて養生しカッターマットをその上に置いて作業している。金属トレイ（バット）は卓上でツールや小パーツを管理したり、塗装時に塗料瓶の下に敷くなど便利。モーターツールも多用するが、使う場合は、掃除機を準備し、ホース口をあてて削りカスを吸い込みながら作業する。

作業スペースは洗練した道具と マテリアル、そして 究極に絞った在庫のみ

●模型仲間のROKUGEN氏から譲り受けた小型のカンナが宝物。プラ板の箱組みの際に使うことで、精度のある工作ができるという

加藤優介 / かとうゆうすけ

'71年生。本業は営業職。もっぱらSFモデラーで『スター・ウォーズ』『バック・トゥ・ザ・フューチャー』『AKIRA』などが好き。現在は『MADMAX怒りのデスロード』に登場するDOOF WAGONを製作中。所属する模型サークルの影響でAFVや戦闘機にも挑戦したいと思う今日このごろ

●長年のキット・トイの購入→在庫処分の波を経て、現在は絞りに絞ったキットがここに積んであるのみ。

23 MODELLER'S ROOM

加藤優介 [Homely Style]

YUSUKE KATO

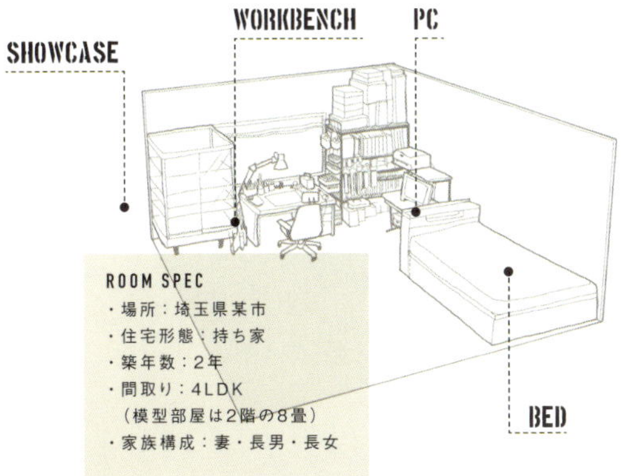

ROOM SPEC
- 場所：埼玉県某市
- 住宅形態：持ち家
- 築年数：2年
- 間取り：4LDK
  （模型部屋は2階の8畳）
- 家族構成：妻・長男・長女

1：塗料やウェザリングマテリアルはメタルラックのよこにカゴをとりつけ、手の届く所に見せながら収納している。**2**：各種プラ棒や替え刃、パテ類などの在庫はL字フックにひっかけてメタルラックに収納している。**3**：カッターやナイフ、ニッパーなど使用頻度の高いツールはペン立てで卓上で管理。**4**：作業机のよこにはパソコンラックに乗せてモニター一体型のPCを置いている。製作時の資料閲覧やデータ管理に使用している。**5**：1/6ドールなども嗜む加藤さんは、ファブリックな材料なども使うが、それらは大きな箱にまとめて保管している。**6**：プラ板やヤスリは棚指しにして管理している。省スペースかつ在庫がわかりやすいのがメリット。**7**：ラック下部には資料となる雑誌や書籍が整頓され保管されている。**8**：引き出しには塗料のほか型どり／注型用にシリコーンゴムとレジンキャストも保管している。**9**：机は内側にひとまわり小さなサイドテーブルが収納されているという優れモノ。大型のモデルを作るときなどは引き出して使えるので大変重宝している。また卓上には使用頻度の高い道具類を鉛筆立てで設置。このあたりはあまりこだわりがないという

プラモデルやトイに明け暮れた日々に転機が

私がプラモデル製作をはじめたのは小学校低学年のころ。父がプラモデルを作っているのを傍らで眺めていてやらせてとせがんだところ『ロボダッチ』の4個セットを買ってくれたのがきっかけです。それから合体ロボ、スーパーカー、『サンダーバード』物、松本零士メカ、ガンダムなどに没頭し、中学生になって『スター・ウォーズ』（以下SW）物を作るようになり、いまに至ります。小学生時代は子供部屋の床に新聞紙を敷き、製作や塗装をしていました。塗料を瓶ごと倒し、ベージュの絨毯を汚してしまうことも多々（なぜかこぼす色は決まってブラック）。中学生になる父にエアブラシ（タカラの「ミクロタッチ」。塗料瓶のフタがエアブラシになっていてエアー缶に接続）を買ってもらい、本格的に模型作りに傾倒するようになりました。机で作業するようになり、Pカッターでプラ板を加工するようになったのもこのころです。

初のスクラッチビルド作品は別冊ホビージャパン別冊の『The Modeling of STAR WARS』を見ながらのタイ・ファイターのソーラーパネルでした。この本は当時文字通り「擦り切れるまで」熟読し、何回か買い直し、いまも所有しています。

高校を卒業するころにはプラモデルの箱が押入れに収まりきらず床まで溢れていましたが、大学時代に一軒家からマンションに引っ越したときにSW物といくつかのお気に入り以外はすべて処分しました。

社会人になってからも模型製作は断続的に続けていましたが、35歳のときに脱サラし下北沢でトイショップを開業。製作代行、完成品販売もするようになりましたがこのときにはショップに製作環境を整え、店頭で見せながら作業をしていました。そのときはさすがに塗装ブースも構え（当然店頭ですので）、モノに溢れかえりながら模型を作る状態でした。

現在はホビーとはまったく違う仕事に就き、自宅のこの部屋に模型環境を整えました。ここではなによりも家族優先で模型製作が最優先の場所ではありません。溶剤の臭いや埃、電動ツールの音や振動などには対処を欠かさず、気配りしています。けれど、模型製作はずっと続けていきたいですし、かつて父が自分にプラモデルの楽しさを教えてくれたように、自分の子どもにもそれを教えたい。そのためのコミュニケーションの部屋でもあります。■

塗装ブースは設置せず使用を最小限度に

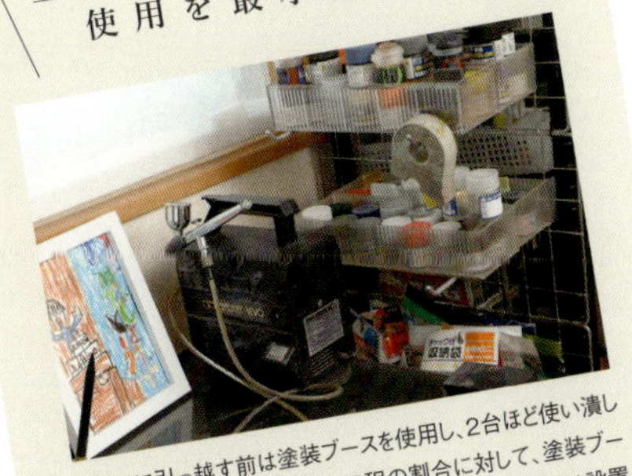

●ここに引っ越す前は塗装ブースを使用し、2台ほど使い潰したが、工作や塗装、仕上げの工程の割合に対して、塗装ブースを使用する頻度が非常に低いことから、この部屋では設置していないんだとか。「高圧でミストが飛び散るような塗装が必要な模型を作っていないんですよね。それなら常設せずに、もっと広くスペースを使いたいんです」（加藤）

■雑誌作例などを手がける清水圭さんは趣味が高じて現在はメーカー勤務。そんな清水さんの模型部屋は模型製作に軸足を残しつつも、多用な趣味を満喫できる部屋となっている。■机はニトリで購入したフリーデスク。巾100×奥行59×高さ72cm。■椅子はスチールケース社のセンサーチェア。机作業に便利な前傾姿勢を取れると聞き引越し時に購入。■机用スタンドはZライト使用。アームがしっかり可動するので使いやすい。電球はクリプトン球100W。塗装の色味は脳内で補正するので照明の色は気にしないそう。部屋全体用の照明も、機能面や経済性より精神的に落ち着く色味の丸型蛍光灯電球色32W+40Wを使用している。

●愛犬のマックはエアブラシ作業時以外は部屋に出入りしているという。模型に抜け毛が付着していることもしばしば

24
MODELLER'S ROOM

清水圭 [Homely Style]

KEI SHIMIZU

模型一辺倒ではない、大人のオトコの趣味満載の部屋

独身時代から模型製作を趣味にしてきた清水圭さん。結婚を機に、マンションの部屋を自分のテリトリーとし、自分のライフスタイル、そして家族や愛犬との共存を考えた趣味部屋を構築しています。

●室内の動線や荷物の置き方を考えた結果、作業用のデスクは壁から離して設置した。作業自体はA4のカッティングマットの大きさしか使わないためこの程度のスペースがあれば問題ないという。

筆塗り主体の模型製作 わずかなスペースだけで製作を可能に

●使用頻度の高い資料は棚ではなく、床置きで保管している

清水圭 / しみずけい

MGザクをきっかけに模型製作に出戻どり、MaKを経由。現在は飛行機大好きになったサラリーマンモデラー。さらに時を経て現在は、趣味だったはずのプラモデルを開発してるマックスファクトリーPLAMAX開発メンバーに。

●ロード用のヘルメットはBELLのフルフェイスを愛用

24 MODELLER'S ROOM

清水圭［Homely Style］

KEI SHIMIZU

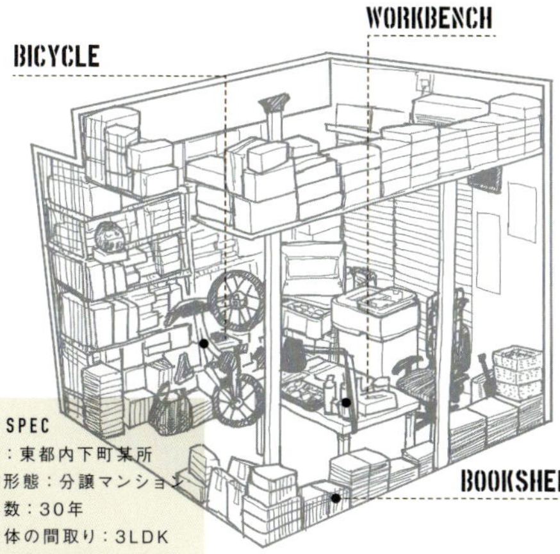

ROOM SPEC
・場所：東都内下町某所
・住宅形態：分譲マンション
・築年数：30年
・家全体の間取り：3LDK
・作業部屋：6畳
・家族構成：奥さん・犬

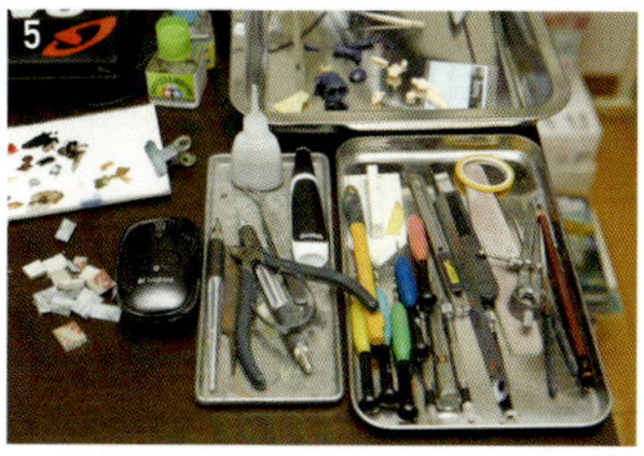

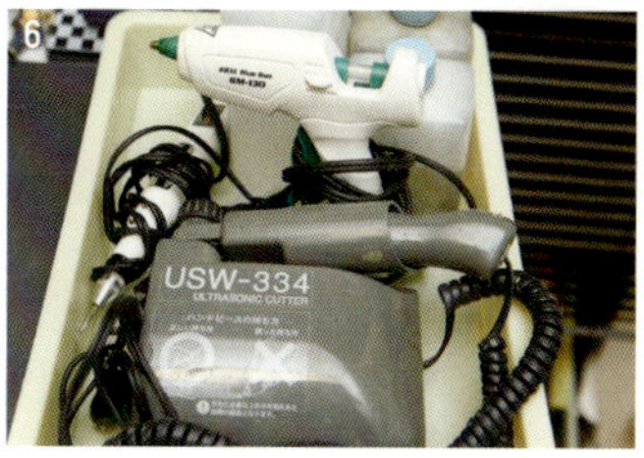

1：ふたつの壁に棚を増設。在庫類の一部をここで保管している。2：柱には金網&カゴを設置しておき、スプレー缶や小物などを保管しておく。使い終わったニッパーなどもかけておく。3：よく使う塗料の瓶はプラスチック製のトレーに入れておく。アクリル系塗料のほか、タミヤエナメルなども多用するので分けて保管している。4：卓上のトレーにはニッパーやナイフ、ピンバイスやデバイダーなどをトレーにいれて常設している。それ以外の使用頻度の少ない道具は引き出しに収納している。5：筆塗りを多用する清水さん。幾多の筆を使ってきたが、現在は「上野文盛堂」のハイセーブル平筆3番、0番を愛用。6：超音波カッター、ハンダごて、グルーガンなどはトレーにのせてすぐに使えるようにしている。7：換気扇は窓枠ハメ込み式（東芝窓枠換気扇　VFW-20）の民生品を設置。8：スチール製ラックには在庫を管理。ここに入りきらない量は溜め込まずに処分している。

「いま使う、いま好き」それ以外は置かないルール

独身時代はアパートの2Kをあますところなく好き勝手に模型のために使ってましたが、結婚後はいまの6畳間のみが自分のスペースです。多少玄関にはみ出したりしてますが、在庫も部屋に収まる量にすべく、年に一度くらいのペースで、もう作らないと思ったキットは泣く泣く処分してます。

以前は快適な模型ライフを目指して広い作業台を置いていましたが、広い作業台があっても果てしなく道具をどんどん置きっぱなしにしてしまうというだらしない性格なので、「結局作業するスペースはカッティングシートの上のみだ」、ということに気づき、現在の普通の机に落ち着きました。ツールも常に必要とするものはほんのわずかなので、そのほかの道具は引き出しにしまってます。スペースを狭めたことで出しっ放しが自然とできなくなり、けっこう整理された卓上になって、なかなか快適です。

同様に、資料も以前は棚に収めてましたが、膨大な量の資料をつねに必要とすることもないので、出し入れの利便性よりもスペース確保を優先して棚は処分。使用頻度の高い資料は基本的に床に積んでます。

かつてはミキシングビルドもしていたため、衣装ケースと段ボール箱3つ分のジャンクパーツがありましたが、あまりにもスペースを圧迫するため、昨年熟考した結果「もうミキシングビルドは引退！」と決意して現役のミキシングビルダーの皆さんにさしあげました。またしたくなったら、残した在庫の範囲で楽しもうと思います。

趣味における夫婦間の問題ですが、奥さんもモノを作る仕事をしてるので、その辺りはわりと寛容です。ただ有機溶剤の臭いはやはり「臭い」と言われるので換気だけは気をつけるようにしています。窓枠換気扇と塗装ブースのオーソドックスな二本立てですが、それでもエアブラシやスプレーを使っと匂うみたいですね。最後は筆塗りモデラーの必殺技、「極力吹き付け塗装はしない！」で乗り切ってます。

その塗装ブースですが、基本的に筆塗りメインなのでブースを使うのはサーフェイサーとトップコートくらい。なので塗装ブースに快適性は求めていません、ちょこっと作業するだけなので、とりあえず邪魔にならない部屋の隅っこに配置しています。

完全に趣味のものしか置いていない部屋なので、おそらく地球上で一番居心地のいい場所がここなんだと思います。今後はこの部屋にくつろげるスペースを確保するのが夢ですね。作業チェアじゃなくてこの部屋でゆったりソファに座って完成品を眺められる部屋に改造していきたいです。■

塗装ブースは折りたたみ式

●基本的に筆塗りメインの朔風なので、エアブラシを吹くこと自体が少ない。そのため塗装ブースは常設せず、エアテックスのレッドサイクロンを導入。これはコンパクトに折りたたむことが可能で使うときのみ設置するスタイルには最適

■専業でプロ原型師を営む市野裕己さん。その作業スペースは自宅マンションの一で作業されている。■集合住宅の一室の奥を間借りし作業スペースとした、専業原型師としてはいたってシンプルな製作空間。ふだんはPC作業だが、削り出し、磨き、仕上げ、などの作業は隣人、家族に気を使いながら行なうという。趣味模型は現在は多くなく、在庫もこの部屋に入る程度。完成品にも執着がなく人にプレゼントすることも。■使用PC／ショップオリジナルモデルCore i7 SSD Quadro windows7■主な使用ソフト／Rhinoceros5SR12（Robert McNeel & Associates)、3D-COAT（PILGWAY）■椅子／MR-STOREハイバックオフィスチェア■ライト　ヤザワ クランプ式アームライト シルバー CFEA60ED28SV 電球は明るいものに交換。明るさ大事!

●卓上は非常にコンパクト。工作道具はすべて引き出しにしまってしまい、普段はパソコンによる作業が中心

●部屋の半分以上は家族のタンスや戸棚がおかれているのだ

25 MODELLER'S ROOM

市野裕己 [Homely Style]

HIROKI ICHINO

PC作業主体のデジタル原型師/モデラー アトリエは1/2部屋?

フリー原型師である市野裕己さんは、近年普及してきたデジタルデータによる造形を主体とした製作活動を行なっている。自宅マンションの一部屋、その奥のスペースで作業されているという市野さんのお部屋を拝見

●卓上にあるCNCはオリジナルマインド製のKit Mill BT-100という製品。これを使ってレジンキャストブロックを削りだしている。消音を兼ねた木製筐体は自作したとのこと

市野裕己 / いちのひろき
(ノリモータース)

1969年生まれ。フリー原型師。ウェーブのボトムズシリーズやウォーカーマシンなどの原型を担当する。デジタル造形が主体だがプラ板やポリエステルパテも好きなメカモデラー。CAD系ソフトでの作業がメインになっておりますが、最近はポリゴンでの作業に立ち戻るか思案中

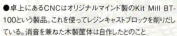

市野裕己 [Homely Style]

HIROKI ICHINO

自宅で光造形のシステムをDIY構築

●市野さんはLittleRPという光造形機(2)とプロジェクター(3)を組み合わせ、自宅でデータから造形物を出力している。出力には時間がかかるため、専用のPC(東芝 ダイナブック Core i7(1))を準備しているという。画面内の造形データも数時間後には下のような出力品(4)として仕上がるという。

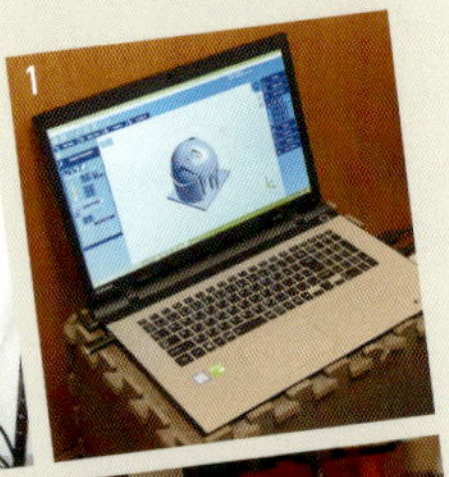

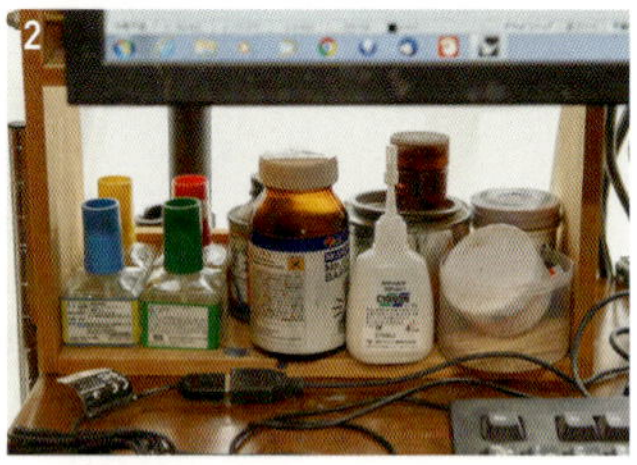

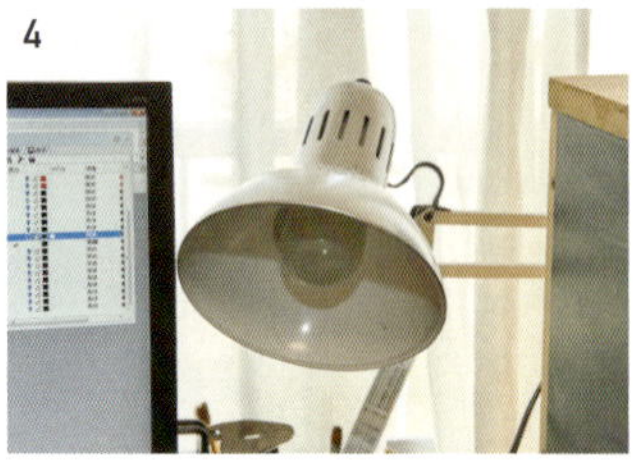

1：小型換気扇にアルミダクトホースを接着したものを準備し、塗装の際にテーブルに設置してエアブラシを吹く。「でも効果薄いです。窓を開けて換気しないとミストが溜まります」(市野)2：モニター下には接着剤やシアノン、溶剤などをコンパクトに収めている。3：エアブラシ&コンプレッサーは、出力品の積層跡などを磨く際にサーフェイサーを吹くため使用頻度は高い。そのためパソコンモニター裏、道具立ての横に設置。4：原型を磨く際にも塗装時にも明るさは大事とのことでライトはヤマザワのアームライトを使用している。5：省スペース内ですべてをまかなうため、机下は有効活用。レジンキャストやウェーブ製パーツなどを常時スタックしている。6 7：普段は押し入れにしまってあるのが、寸胴にアクリル板と空気弁を設置した真空成型機(右)と刃物研ぎ機を改造した遠心成型機(中央)。遠心注型機にシリコーンゴム型を固定するアダプターも複数準備。真空成型機用のポンプも常備。

部屋の奥の一部を間借り。ひと部屋ないんです

作業場は自宅兼となりますので、生活環境との共存が必要になります。実際の作業場は見てのとおり部屋の隅の一角。この場所に濃厚に機材を詰め込んでおります。

この取材のオファーを受けたときに、「狭いですよ、部屋の一角ですよ、ごちゃごちゃですよ」とお答えしたのですが、「そういうのが見たいのだ!」とのことなので謹んでお受けしました。

僕の造形スタイルはデジタル作業を主体としているのでこんな小スペースで成り立つのかもしれません。デジタルでモデリングしたあとは必要に応じてかたわらのプリンターやCNCで出力するというわけです。

出力したものは積層痕など、当然そのままでは製品になりません。そこで磨いたり削ったりもするわけですが、そういった手作業が必要な場合は、ペンタブレットや3Dマウスを机上から片付けます。またエアブラシ塗装が必要なときは簡易塗装ブースを引っ張り出して卓上に配置します。

ガレージキットイベントのディーラー活動もしています。そこで販売する製品もこの部屋をブルーシートで養生して量産しています。そのとき使う自作の真空デシケーター(寸動鍋)、遠心注型機は普段は押入れに格納してあり、必要なときに出しています。

うちは集合住宅ですので、ご近所のご迷惑にならぬよう騒音には気を使っております。大きな切削音が発生するCNCには木材で防音カバーを作り、コンプレッサーにはアルミ材と工業用コンセントのゴムパーツで振動が伝わらぬよう台に乗せています。

さきほど3Dマウスと書きましたが、これがじつによいものです。これを使うとモデリング時に画面内のオブジェクトの移動回転が左手で自由にできます。以前は右手でマウスのみで行なっていたので、腱鞘炎になってしまいました。さらにペンタブレットを併用することで腕の負担も減り、作業効率もアップしました。いまでは手放せないアイテムとなっています。健康大事!

出力機については、CNC、光造形機の両方とも組み立て式のものを選択しています。組み立て済みの製品に比べ価格が安いこともあるのですが、自分で組み立てながらあれやこれやと自分でテストするのも楽しいものです。光造形機で安定した出力をするために試行錯誤を繰り返しましたが、いまではすっかり安定して出力しています。いずれ誌面で詳しく紹介したいですね。

さてさて、現状での小スペースな作業空間ですが、満足しているわけではなく、やはり1室まるまる作業部屋がほしい! そのうち野望を叶えてやろうと思います。■

ROOM SPEC

・場所：神奈川県某所
・住居形態：集合住宅(賃貸)
・築年数：40年
・間取り：2LDK
・家族構成：本人、妻、息子、チロ(モフモフなチンチラ)の3人と1匹ぐらし

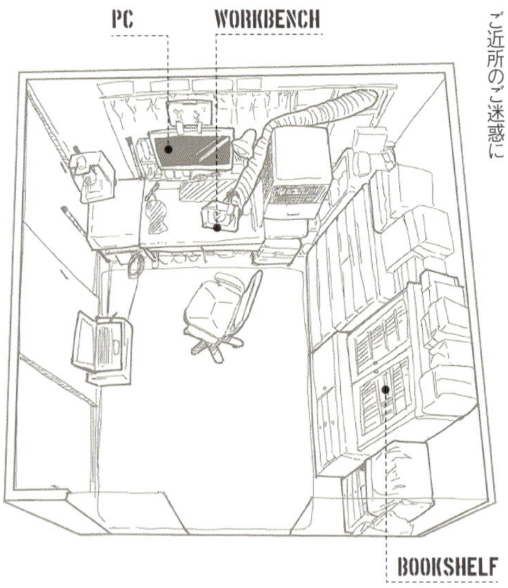

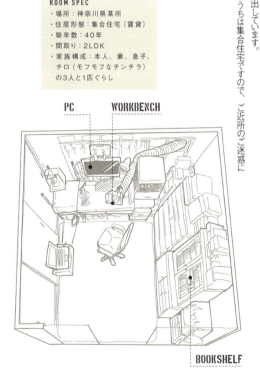

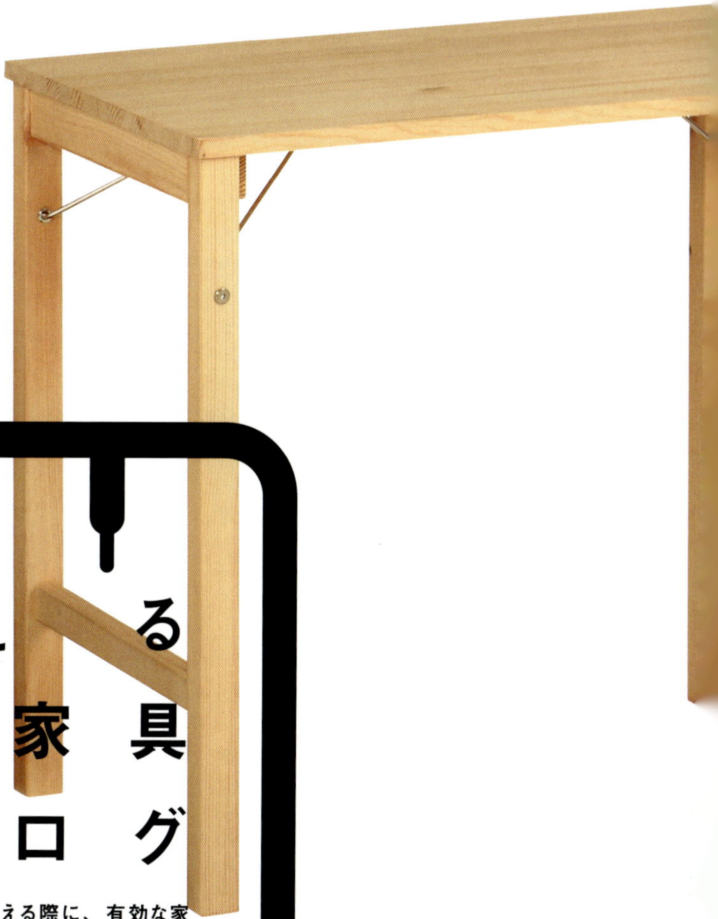

使える模型家具カタログ

ここからは模型部屋を考える際に、有効な家具やアイテムを御紹介。まずはAFVモデラー、吉岡和哉氏がアトリエ（P8参照）を構築するのに使用した家具を詳しくご紹介。さらに模型部屋でつかるアイテムを多数揃えている無印良品から現在購入することのできる家具や整頓小物をいくつかセレクトしてみた。模型部屋を構築する際の参考にしてみてほしい。

吉岡和哉さんの
真似がしてみたい！

モデラーの使っている家具が知りたい！

使える模型家具カタログ

P8からの記事中にもあるとおり、吉岡和哉さんはご自身のアトリエを3．5回改装していまの形になったという。その3回目にあたる回では、すべての家具を一新。本業のデザインワークをこなすPCスペースを残しつつ、あとはすべて模型製作のためにカスタマイズしたという（最後の0.5回は、その動線調整のためのレイアウト変更）。その際に購入した家具について具体的に教えていただいた。

作業テーブル

IKEA LINNMON（テーブルトップ，ホワイト 税込1999円）
＋
IKEA GERTON（脚 伸縮式，クロムメッキ 税込2250円）
＋
IKEA EKBY ALEX（棚板 引き出し付き 税込7999円）

●作業机には、IKEA製の必要な天面と脚を組み合わせてカスタマイズするシリーズを選択。これに引き出しを付けて使用している。ポイントとなるのは伸縮式の脚で、67cmから最大107cmまで延ばすことができる。これによって自身にとって最適なテーブルの高さを調整することができる。このテーブルのセットにSTOLMENというアジャスト付きの支柱を組み合わせたオープン収納システム（こちらもIKEA製）を組み合わせて使用している。

机下のキャビネット

IKEA EKET（キャビネット（引き出し×2），ホワイト税込1万2000円）
※現在はモデルチェンジしている

椅子と棚

PLUS Office Chair U CHAIR
（イエローグリーン　税込4万8600円）
＋
IKEA BILLY
（ホワイト　税込6999円）

引き出し収納

IKEA ALEX
（引き出しユニット キャスター付き，ホワイト 税込1万9990円）

収納棚

IKEA KALLAX
（シェルフユニット，ハイグロス ホワイト 税込9990円）
＋
IKEA TJENA
（ふた付きボックス，ライトブルー 税込499円）

模型製作部屋に使える家具や便利グッズ

無印良品編
https://www.muji.com/jp/

selection

衣料品から家具まで、シンプルながら使い勝手のいい品々がそろう無印良品は、模型部屋を考える際にも非常に心強い味方です。ここでは編集部がセレクトした模型部屋作りに使えるアイテムを御紹介します。

このページのすべての製品の問い合わせ先：https://www.muji.com

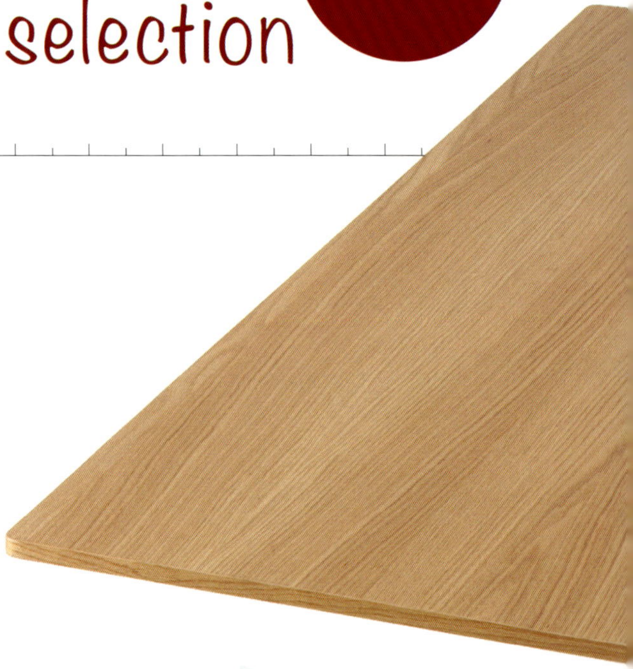

Chair

包み込まれる心地よさ

成型合板ワーキングチェア・アーム付（グレー）

幅60×奥行53×高さ83～93㎝

税込4万9350円

●ラウンドした座面が体をホールドしてくれる、10㎝の範囲で座面の高さを調整することが可能

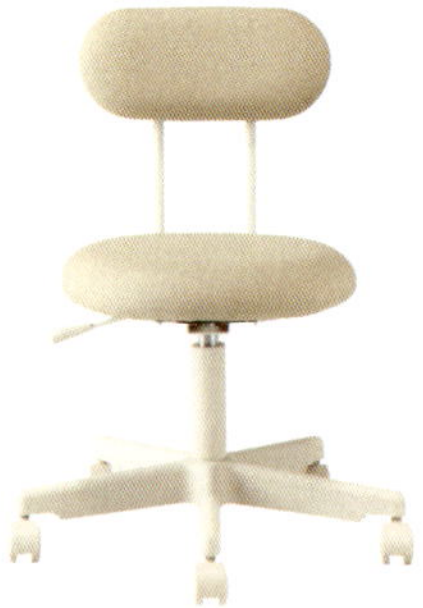

コンパクト重視派に!

ワーキングチェア・ガススプリング昇降式（ベージュ）

幅52.5×奥行50×高さ70㎝～80㎝

税込9800円

●キャスター部がコンパクトなワーキングチェア。小回りがきくので手狭な部屋やスペースに最適。アームセットも別売であり

⊘ BGM必須の方に! ⊘

壁掛式CDプレーヤー（型番：CPD-4）

幅172×高さ172×奥行き41㎜

税込1万3500円

●スピーカー一体型のCDプレーヤー。場所をとらずに設置できるのが魅力。リモコンも付属する

Shelf

安らぎ与えるパイン材

パイン材ユニットシェルフ・86㎝幅・大

幅86×奥行39.5×高さ175.5㎝

税込1万5000円

●こちらはパイン材を使った棚。ほかにも各種サイズの製品がそろっている

丈夫さ重視派に!

スチールユニットシェルフ・スチール棚セット・ワイド大・グレー

幅86×奥行41×高さ175.5㎝

税込1万5750円

●シンプルなスチールシェルフ。金属なので溶剤などが付着しても安心

Light

可動＆スタイリッシュ!

アームライト・長方形（型番：MJ-ALR1）

幅60×奥行650×高さ570㎜

税込1万6000円

●自由に可動できるアームライト。天面操作部に触れることでON/OFFできるだけでなく調光が可能

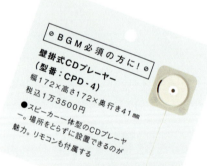

Desk

ちょい置きに便利な棚付き

オーク材デスク・オープン棚付
幅87×奥行50×高さ70cm
税込1万9000円
●同じくオーク材デスクで幅が狭いタイプ。スペースに合わせて選びたい

定番のシンプルデスク

無垢材デスク・オーク材
幅110×奥行52×高さ70cm
税込3万5000円
●作業机は広いにこしたことはないが、奥行き50cmあれば最低限のスペースが確保できる

折り畳みならコチラ!

パイン材テーブル・折りたたみ式
幅80×奥行50×高さ70cm
税込6900円
●こちらも折りたたみテーブル。折りたたむとコンパクトに収納可

折りたたみテーブル・幅120cm・オーク材
幅120×奥行70×高さ72cm
税込1万9900円
●シンプルな折りたたみテーブル。撮影用や臨時のサイドテーブルに

⊘ 天板はお好みで♥ ⊘

強度のあるスチール脚にお気に入りの天面を組み合わせるテーブル。こちらは足下をすっきりさせることができる。サイズ、素材も選べる

A
デスク天板・オーク材・幅150cm（システムタイプ）
幅150×奥行60×厚み2cm
税込1万7000円

B
デスク天板・メラミン・幅150cm／白（システムタイプ）
幅150×奥行60×厚み2cm
税込1万4000円

A

B

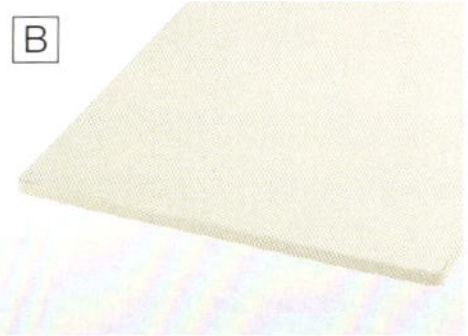

デスク脚・スチール・幅150cm用ライトグレー（システムタイプ）
幅150×奥行60×高さ72cm
※写真AB の天板組合せ時
税込8500円

Others

いくつあってもイイ！？ あると便利なアイテムたち

これはスグレモノ！

ステンレスひっかける
ワイヤークリップ 4個入
幅2×奥行5.5×高さ9.5㎝
税込400円
●パーツを挟むだけでなく、ひっかけておけるのが嬉しい。塗装の持ち手にも使用可能だ

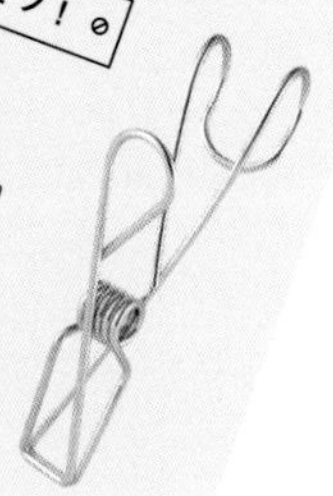

見せない＆たっぷり収納
トタンボックス・フタ式・大
幅25.5×奥行33×高さ21㎝
税込1680円
●かさばるマテリアル類を隠して収納。光が入らないのも評価大

道具や塗料瓶。ちょい置き＆定位置置きに
ポリプロピレン整理ボックス2
幅8.5×奥行25.5×高さ5㎝
税込160円
●筆やナイフなどをまとめてテーブルでの保管に

サッと出せるサッとしまえる
アクリル小物ラック
幅8.8×奥行13×高さ14.3㎝
税込1200円
●道具類を斜めに取りやすくレイアウトするのに最適

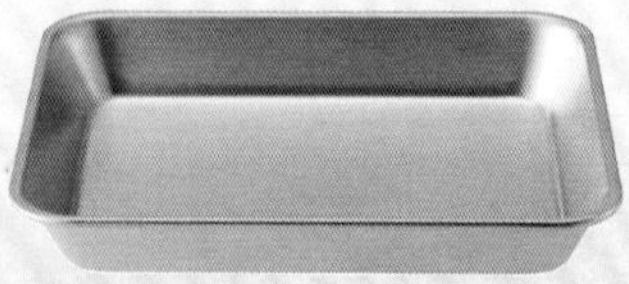

こまかいパーツのちょい置きにも
ステンレス バット・小
幅21×奥行17×高さ3㎝
税込1000円
●ステンレスバッドは卓上でナイフやドリルなどをまとめるのに便利

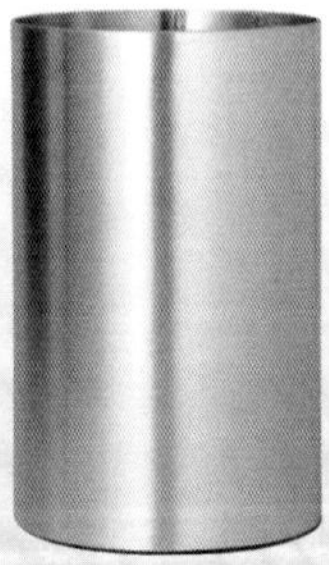

重厚感たっぷり
ステンレスペンスタンド
Φ63×高さ100㎜
税込1000円
●こちらはステンレスなので、メンテナンスも容易

シンプル＆定番な立てモノ系
アクリルポット
直径8×高さ11㎝
税込250円
●道具や筆を卓上で管理するには最適

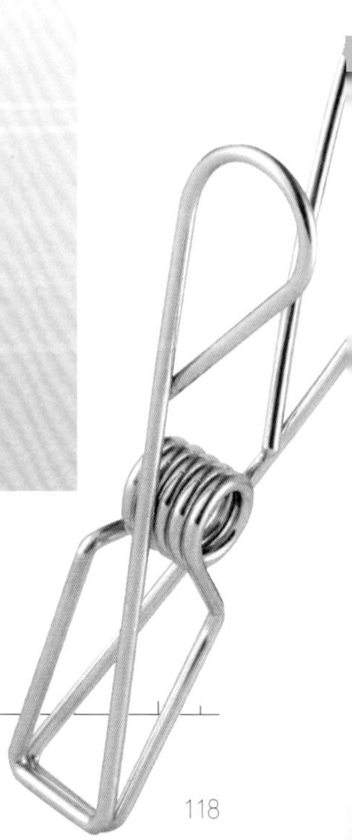

Case

無印良品はやっぱりコレ！
オールマイティで大活躍！

E

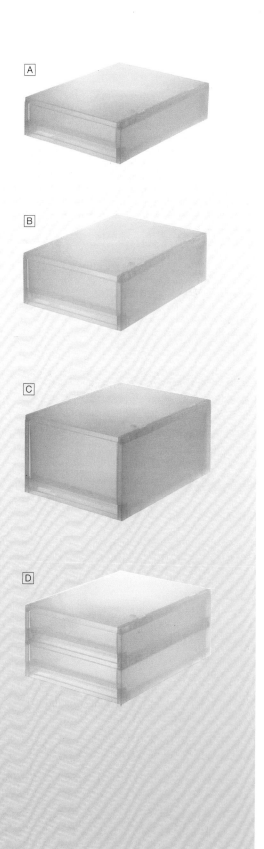

A

B

C

D

F

A **ポリプロピレンケース・引出式・薄型・縦**
幅26×奥行37×高さ9㎝（内寸約幅22.5×奥34×高さ5.5㎝）
税込800円

B **ポリプロピレンケース・引出式・浅型**
幅26×奥行37×高さ12㎝（内寸約幅22.5×奥行34×高さ8.5㎝）
税込900円

C **ポリプロピレンケース・引出式・深型**
幅26×奥行37×高さ17.5㎝（内寸約幅22×奥行33.5×高さ14㎝）
税込1000円

D **ポリプロピレンケース・引出式・薄型・2段**
幅26x奥37x高16.5㎝（内寸約幅22.5×奥34×高さ5.5㎝）
税込1200円

E **ポリプロピレンキャリーボックス・ロック付・深**
幅36×奥行52×高さ33㎝（内寸約幅30×奥行42×高さ31㎝）
税込1500円

F **PPストッカー4段・キャスター付**
幅18×奥行40×高さ83㎝（引き出し内寸約幅13×奥行35.5×高さ17㎝）
税込2900円

●各種ポリプロピレンケースは塗料や溶剤などを管理するのに便利だ。代表的なラッカー系塗料の瓶は高さが約5㎝。そうなると、Aや Dの内寸が高さ5.5㎝なので充分に収まる。背の高い接着剤やウェザリングカラーなどはBの内寸高さ8.5㎝のものだとおさまりがいいだろう。ほかには大量のランナーやパーツをざっくりと保管するのにはEのような中身の見えるボックスが便利だ。Fのようにキャスター付きのストッカーはそれぞれに道具やマテリアルをしまっておけるので、作業場が道具で煩雑になってしまうひとはぜひ活用してほしい

編集／Editer
モデルグラフィックス編集部
関口コフ
永田洋子

撮影／Photo
インタニヤ

装丁／Bookbinder,Cover Design
福井政弘

デザイン／Design
波多辺健（ハタ）

イラストレーション／Illustration
もやし

取材協力／Collaborators
吉岡和哉
伊原源造
WildRiver荒川直人
大森記詩
大森裕美子
丹野雄二
平田英明
NAOKI
岩井秀
上原直之
柳生圭太
吉田伊知郎
野原慎平
髙久裕輝
東海村源八
どろぼうひげ
有澤浩道
竹下やすひろ
YAS
高橋浩二
福井政弘
波多辺健（ハタ）
小田俊也
加藤優介
市野裕己
清水圭
Mig Jimenez
Jose Luis Lopez
Luciano Rodriguez
太刀川カニオ
がっとねろ
ちいたわからし

協力／Special thanks
株式会社良品計画
田中貴弘（パナソニックリフォーム株式会社）

モデラーズルーム スタイルブック

発行日 2017年 8 月10日 初版第1刷
2022年 8 月20日 第3刷
発行人／小川光二
発行所／株式会社 大日本絵画
〒101-0054 東京都千代田区神田錦町1丁目7番地
URL; http://www.kaiga.co.jp/

編集人／市村弘
企画／編集 株式会社アートボックス
〒101-0054 東京都千代田区神田錦町1丁目7番地
錦町一丁目ビル4階
URL; http://www.modelkasten.com/

印刷／製本 大日本印刷株式会社

内容に関するお問い合わせ先: 03(6820)7000 (株)アートボックス
販売に関するお問い合わせ先: 03(3294)7861 (株)大日本絵画

Publisher/Dainippon Kaiga Co., Ltd.
Kanda Nishiki-cho 1-7, Chiyoda-ku, Tokyo 101-0054 Japan
Phone 03-3294-7861
Dainippon Kaiga URL; http://www.kaiga.co.jp
Editor/Artbox Co., Ltd.
Nishiki-cho 1-chome bldg., 4th Floor, Kanda
Nishiki-cho 1-7, Chiyoda-ku, Tokyo 101-0054 Japan
Phone 03-6820-7000
Artbox URL; http://www.modelkasten.com/

ISBN978-4-499-23213-5